F. Reichel

Die Sicherung von Leben und Gesundheit im Fabrik- und Gewerbe-Betriebe

F. Reichel

Die Sicherung von Leben und Gesundheit im Fabrik- und Gewerbe-Betriebe

ISBN/EAN: 9783743616448

Hergestellt in Europa, USA, Kanada, Australien, Japan

Cover: Foto ©ninafisch / pixelio.de

Weitere Bücher finden Sie auf **www.hansebooks.com**

Die

Sicherung von Leben und Gesundheit

im

Fabrik- und Gewerbe-Betriebe

auf der

Brüsseler Ausstellung vom Sommer 1876.

Bericht,

im Auftrage des Ministers für Handel, Gewerbe etc. erstattet

von

F. Reichel,

Fabriken-Inspektor für die Reg.-Bezirke Koblenz, Köln und Trier.

Mit 30 Holzschnitten.

BERLIN 1877. FR. KORTKAMPF.

Buchhandlung für Staatswissenschaften und Geschichte.

Verlag der Reichs-Gesetze.

Inhalts-Uebersicht.

Anhang:

Die

Sicherung von Leben und Gesundheit

im

Fabrik- und Gewerbe-Betriebe

auf der

Brüsseler Ausstellung vom Sommer 1876.

Einleitung.

Die Idee, zu Brüssel eine internationale Ausstellung für Gesundheitspflege und Rettungswesen zu veranstalten, datirt vom Jahre 1871 und ging aus von der Société royale et centrale des Sauveteurs de Belgique. Verschiedene Umstände indessen, sowie insbesondere die allgemeine Ausstellung zu Wien veranlassten eine Vertagung dieses Vorhabens. Als jedoch gegen Ende des Jahres 1874 der König von Belgien den lebhaftesten Wunsch an den Tag legte, jene humanitäre Idee nunmehr verwirklicht zu sehen, da nahm der oben genannte Verein, ermuthigt durch dieses Königliche Wort, seinen Plan von Neuem auf, schaarte eine Anzahl von Persönlichkeiten um sich, deren äussere Lebenslage, ausgedehnte Beziehungen und Karakter-Eigenschaften von vorn herein eine Gewähr für das Gelingen des Werkes in sich trugen, und erliess zuvörderst einen Aufruf, aus dem wir folgende Haupt-Gesichtspunkte mittheilen:

„Die beabsichtigte Ausstellung hat lediglich den Zweck, das allgemeine Wohl der Menschheit und inbesondere das der arbeitenden Klassen zu fördern. Frei von persönlichen und materiellen Interessen jeder Art, wendet sie sich an die Humanität in ihrer kosmopolitischen Gesammtheit und darf mit Recht das Interesse aller Männer von Herz in allen Nationen beanspruchen, sowie auf die Gunst der Fürsten und Regierungen zählen. Ihr Programm ist die Förderung der öffentlichen Gesundheitspflege und des Rettungswesens; doch ist dabei das Wort „Rettungswesen" nicht im engeren Sinne zu verstehen, sondern es soll Alles das umfassen, was fähig ist, des Menschen Leben zu retten und zu sichern. So ist es als ein Rettungswerk anzusehen, wenn die öffentliche Gesundheitspflege sich bestrebt, das menschliche Leben zu verlängern und den furchtbaren Krankheiten einen Damm entgegenzusetzen, welche unsere Reihen dezimiren; wenn durch Vervollkommnung unserer Verkehrs-Mittel den beklagenswerthen und häufigen Unfällen zu Wasser und zu Lande begegnet wird; wenn des Bergmanns stets umdrohte Existenz durch weise Erfindungen genialer Ingenieure mehr gesichert, wenn unsere Fabriken dem Arbeiter weniger verderblich gemacht, wenn auch dem Armen und Elenden eine menschliche Wohnstätte bereitet wird, — das Alles sind wahre Rettungswerke an der Menschheit!

Doch darf ein solches Unternehmen, wenn eine rechte Förderung der ausgesprochenen Zwecke erreicht werden soll, nicht lokalisirt bleiben, sondern es muss ein Zusammenwirken und ein Austausch der humanitären Bestrebungen von Nationen erfolgen, und die stillen Bemühungen der Techniker, Aerzte und Menschenfreunde auf diesem Gebiete auf dem Forum der Oeffentlichkeit die Anerkennung finden, welche ihnen gebührt. —"

Dieser Aufruf fand lebhaften Wiederhall. Es bildeten sich Komités zu gleichem Zwecke in Deutschland, England, Oesterreich, Dänemark, Frankreich, Holland, Italien, Russland, Schweden und Norwegen, und schon am 26. Juni 1876 konnte die Ausstellung zu Brüssel eröffnet werden. —

Das amtliche Programm der Ausstellung umfasste folgende 10 Hauptklassen:

I. *Vorbeugungs-, Hülfs- und Rettungs-Mittel bei Feuersgefahr.*

II. *Apparate und Vorrichtungen aller Art, um auf dem Wasser und im Wasser die Gefahren zu vermindern, Unglücksfällen vorzubeugen und Hülfe zu leisten.*

III. *Apparate, um den mit dem Verkehr auf Wagen, Pferdebahnen und Eisenbahnen verbundenen Unglücksfällen vorzubeugen.*

IV. *Hülfeleistung in Kriegszeiten.*

V. *Gesundheitspflege und öffentliches Heilwesen.*

VI. *Heilkunde, Prophylaxis und Rettungswesen in ihrer Anwendung auf die Industrie.*

VII. *Häusliche und private Gesundheitspflege.*

VIII. *Medizin, Chirurgie und Pharmazie in ihren Beziehungen zu den vorstehenden 7 Klassen*

IX. *Einrichtungen behufs Verbesserung der Lage der arbeitenden Klassen.*

X. *Gesundheitspflege und Rettungswesen in ihrer Anwendung auf die Landwirthschaft.*

Die Gruppirung der Ausstellungs-Gegenstände fand nach Nationalitäten statt (s. den beigegebenen Plan); eine Anordnung, die zwar den Vortheil gewährt, dass jede Nation sich gewissermassen in ihrem eigenen Hause einrichten kann, die aber immer den erheblichen Nachtheil haben wird, dass die Leistungen der Völker auf den einzelnen Gebieten sich nicht neben einander gestellt darbieten, dass der Versuchung, aus der Ausstellung mehr ein kostspieliges Schaustück, als eine Quelle des Studiums und der Belehrung zu machen, wesentlich Vorschub geleistet wird, sowie ferner, dass zu Gunsten einer gefälligen Schaustellung in den einzelnen Nationalitäts-Abtheilungen die Ausstellungen der programmmässigen Klassen oft bunt durch einander gewürfelt werden, und so das Studium der Ausstellung nach einer bestimmten Richtung hin erheblich erschwert wird.

„Avec quelque soin qu'on s'applique“, äussert sich der Berichterstatter eines der ersten belgischen politischen Blätter, „il est fort malaisé de se créer un itinéraire méthodique à travers les galeries de l'Éxposition d'hygiène et sauvetage! —“

Was die Betheiligung der Nationen an der Ausstellung anbetrifft, so fehlen die Vereinigten Staaten von Nord-Amerika, sowie von europäischen Staaten: Spanien, Portugal und die Türkei ganz und gar; von den vertretenen Ländern aber stehen Belgien und Deutschland oben an, sowohl was die Zahl der Ausstellungs-Gegenstände, als auch was die Berücksichtigung des

1*

Programmes anbetrifft. Die deutsche Abtheilung gewinnt aber vor
allen anderen einen besonderen Werth durch die, jede eigennützige
Absicht ausschliessende, höchst zahlreiche und in den Vordergrund
tretende Betheiligung der Regierungen und grossen Städte-Verwal-
tungen. Deutschland kann mit grosser Genugthuung auf die zu
Brüssel erzielten Erfolge zurückblicken!

Der vorliegende Bericht hat die Aufgabe, einen Ueberblick über diejenigen Ausstellungs-Gegenstände zu geben, welche dazu beitragen können, die Sicherung von Leben und Gesundheit im Gewerbe-Betriebe zu fördern. Dabei folgt derselbe nicht der Klassifikation des offiziellen Ausstellungs-Kataloges, sondern geht einer eigenen Disposition nach. Die demselben beigefügten Skizzen wurden theils auf der Ausstellung selbst mit Erlaubniss der betreffenden Abtheilungs-Delegirten resp. Aussteller entworfen, theils sind sie aus der Erinnerung dem Texte zu besserer Erläuterung beigegeben.*)

Endlich möge noch vorangeschickt sein, dass die Ausbeute an Material für die oben berührten Zwecke dieses Berichtes bei dem Zusammenflusse so vieler Nationen keine sonderlich ergiebige genannt werden kann. Namentlich sind es nur sehr wenige industrielle Anlagen, welche eingehendere Mittheilungen über die in ihrem Betriebe getroffenen Schutzvorrichtungen geben. Mit Anerkennung müssen indessen genannt werden:

die Bleifarben-Fabrik von Leyendecker & Cie. zu Köln,

die chemische Fabrik von Gibbs & Cie. zu London,

die kaiserlich russische Patronenfabrik zu Petersburg,

eine Sammlung von Schutzvorrichtungen für rotirende Maschinentheile von Frédéric Engel-Dollfus zu Paris (vom Hause Dollfus-Mieg zu Mülhausen im Elsass).

sowie endlich:

die sehr detaillirte Ausstellung der Zentral-Buchdruckerei der französischen Eisenbahnen von Chaix & Cie. zu Paris.

*) Bei der Herausgabe des Berichtes konnte aus äusseren Gründen nur ein Theil der gesammelten Skizzen zur Mittheilung gebracht werden.

Diese letztere Fabrik hält keine Schutzvorrichtung für zu gering, um sie nicht mitzutheilen, — es ist eben Nichts gering, was Menschenleben zu schützen und zu erhalten vermag - , und wenn eine grössere Anzahl von Fabriken in gleichem Sinne ausgestellt hätte, so würde zu Brüssel ein Austausch von Ideen und Erfahrungen ermöglicht worden sein, der für die Förderung der Gesundheitspflege und Sicherheit im Gewerbe-Betriebe von weittragender Bedeutung hätte werden können.

Koblenz, im September 1876.

Reichel.

I.

Aufbewahrung und Behandlung von Spreng-Stoffen und feuergefährlichen Oelen.

Petroleum, Brennöl, Benzin, mineralische Essenzen u. ähnl. m.

1. *Entwurf eines Petroleum-Magazins* von Donny, Ingénieur honoraire des Ponts et des Chaussées, rue Neuve St. Pierre, Gand (Belgische Abtheilung).

Wir geben in *Fig 1* (siehe umstehend) eine Skizze, welche den Haupttheil des genannten Projektes veranschaulichen soll.

Die Petroleumfässer werden von dem Zweig-Geleise C der Eisenbahn unmittelbar in die Gewölbe D, D eingelagert. Die Thüren a^1, a^2 dieser Gewölbe öffnen sich leicht nach aussen und werden, falls eine Explosion sie abbricht und hinausschleudert, sofort durch die in einem Front-Mauerschlitze niederfallenden Reservethüren b^1, b^2 ersetzt, und damit von Neuem ein Luftabschluss herbeigeführt. Die Sohle des Gewölbes hat in der Längsrichtung Fall und ist ausserdem von beiden Seiten zu der in der Mitte laufenden Rinne $c c$ geneigt, welche das auslaufende Petroleum aufnimmt und der Zisterne F zuführt. Der eingeschaltete Luftabschluss E hindert jedes Eintreten des Feuers in die Zisterne F.

— Durch diese Einrichtung wird beim Ausbruche eines Feuers im Gewölbe eine schnelle und sichere Bergung des Inhaltes der zerspringenden Petroleumfässer ermöglicht und dem Feuer nach und nach wie es sich neue Nahrung erschliesst, dieselbe auch stets wieder schnell entzogen.

2. Die Stadt Venedig stellt den *Bauplan* ihres *Petroleum-Magazins* aus (Italienische Abtheilung) und entnehmen wir demselben Folgendes:

Das Magazin befindet sich $3\frac{1}{2}$ Kilom. von der Stadt entfernt auf einer kleinen Lagunen-Insel, deren Lage so gewählt ist, dass

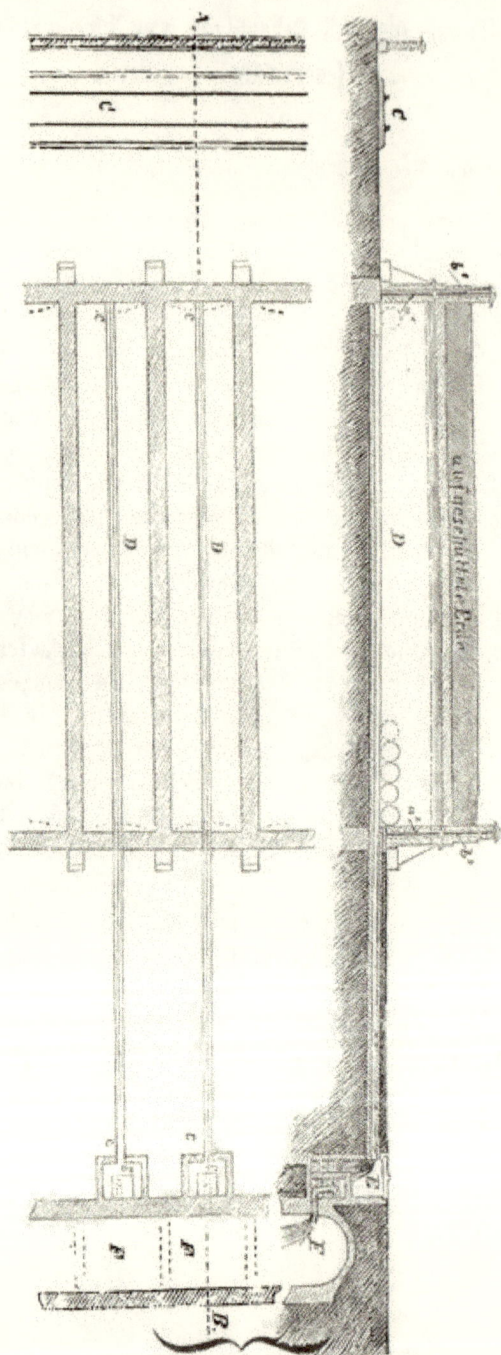

Fig. 1.

die Wasser, welche sie umspülen, weder bei Fluth noch bei Ebbe
der Stadt zutreiben, sondern sich stets wieder in dem Lagunen-
Labyrinthe verlieren; so dass beim Ausbruche eines Feuers im
Magazine das brennende und schwimmende Petroleum niemals den
Hafen und die Stadt gefährden kann. Das Petroleum ist theils
in Bassins, theils in Fässern unter leichten Dächern gelagert.
Unter den Fässern befinden sich weite, mit Bleiblech ausgeschlagene
Kisten zur Aufnahme des auslaufenden Petroleums. — Die Her-
stellungskosten des Magazins werden auf 200,000 Fr. angegeben.

3. *Anordnung der Detail-Ausgabe und Aufbewahrung geringerer
Vorräthe von Petroleum,* (Brennöl, Benzin, mineralischen Essenzen
u. ähnl. m.) von Moulin,· fils, rue du Houblon 4, Bruxelles
(Belgische Abtheilung).

Das Petroleum oder die betreffende feuergefährliche Flüssigkeit
wird durch die Röhre *a* in das, in die Kellersohle eingelassene,
mit Kupfer ausgefütterte Reservoir *A* hinabgelassen, wobei die
Luft durch die offen gehaltene Röhre *b* entweicht. Alsdann werden
a und *b* geschlossen, durch Inbetriebsetzung einer Luftpumpe, die
Luft in *A* komprimirt, und so das Petroleum in der Röhre *c* gehoben, worauf die Ausgabe desselben durch den Hahn *F* erfolgen
kann. Es wird somit jedes Betreten des eigentlichen Magazins
mit Licht zum Heraufholen des laufenden Bedarfes unnöthig und
damit eine Hauptgefahr vermieden.

Am Ende jedes Tages oder event. beim Ausbruche einer
Feuersbrunst lässt man die komprimirte Luft durch *b* entweichen;
das Petroleum sinkt durch *c* in das Reservoir *A* zurück; damit
ist jede Explosionsgefahr beseitigt und dem Feuer jede Unterstützung durch das gefährliche Element entzogen.

Zu grösserer Sicherheit wird der über dem Reservoir *A* angebrachte, wasserdicht gemauerte Kasten *B* durch das Wasser-
leitungsrohr *d* mit Wasser gefüllt; auch empfiehlt es sich, die
Kellersohle an der Eingangsthüre um eine Stufe zu erhöhen, um
beim Ausbruche eines Feuers den Keller vermittelst der Wasser-
leitung sofort in ein kleines Bassin umwandeln zu können.

Die Anwendung der Luftpumpe finden wir freilich schon
lange im Gebrauche zur Förderung von Bier etc.; die ganze eben
gegebene Anordnung verliert dadurch jedoch nicht an Interesse,
wenn man bedenkt, zu welch beklagenswerthen Unfällen Brand
und Explosion in den Verkaufsläden volkreicher Städte nur zu
häufig Anlass geben.

4. *Apparat zur Klein-Ausgabe von Petroleum und Oel für Verkaufsläden sowohl als wie für Fabrik-Anlagen geeignet,* von P. Alain, rue Pintamont (Belgische Abtheilung); Fig. 2.

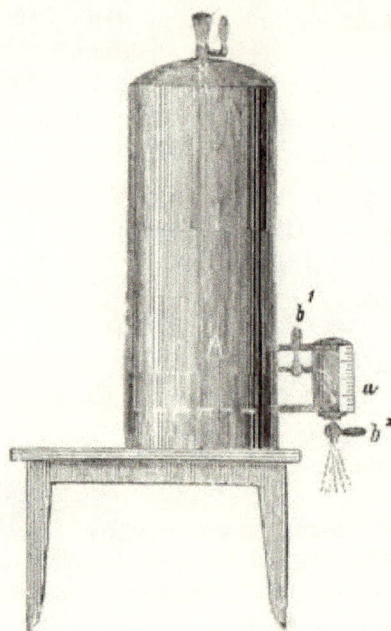

Fig. 2.

Der Apparat besteht aus einem grossen Zilinder von Eisenblech oder Zink *A*, welcher zur Aufnahme der betreffenden Flüssigkeit bestimmt ist und unten mit dem kleinen Mess-Zilinder *a* in Verbindung steht. Letzterer ist von starkem Glase, graduirt und zu besserem Schutze rings bis an die Skala mit Blech umkleidet. Will man nun z. B. $\frac{1}{4}$ Liter Oel ausgeben, so lässt man bei offenem Hahne b^1 die angegebene Quantität in *a* eintreten, schliesst b^1 und öffnet b^2.

Es wird durch diesen Apparat somit ein äusserst sauberes und genaues Messen erzielt, ohne dass man Mass und Trichter dazu bedarf, und alle Verluste, sowie Tränkung des Fussbodens durch Verschütten und ungeschicktes Umfüllen vermieden.

Preis: *a*) bei 30 Liter Rauminhalt 35 Fr.

b) „ 60 „   „   55 „

5. Zu gleichem Zwecke dient der ganz gleichförmige Apparat von F. Fahrenthold, rue aux Choux 29, Bruxelles (Belgische Abtheilung).

6. Eine *Sicherheits-Petroleum-Lampe, welche beim Umwerfen sofort erlischt*, stellen Pasteur & Co., Rotterdam (Holländische Abtheilung) aus.

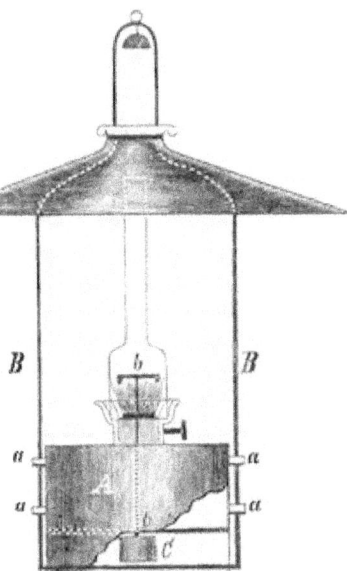

Fig. 3.

Fig 3 wird das einfache Prinzip derselben verdeutlichen. Der Blechballon *A* umfasst mit den Oesen *a a a a* die Bügel *BB*; in seiner Axe sitzt lose der Messingstab *bb*, auf welchem oben über der Flamme ein kleiner Metallteller befestigt ist und unten — in dem hohlen Boden des Ballons *A* — das Gewicht *C*. Wird die Lampe umgestossen, so bewegt sich *A* auf *BB* ein wenig vorwärts, *bb C* dagegen verharrt — nach dem Gesetze der Trägheit — in der alten Lage, und wird somit der Teller sofort auf den Docht gedrückt, und die Flamme augenblicklich erstickt. Wir haben die ausgestellte Lampe mehrere Male umgeworfen; *bb C* wirkte völlig zweckentsprechend. —

Pulver, Dynamit und andere Sprengstoffe.

7. Zum *Ersatze für gefährliche Sprengstoffe* bietet die Fabrique Belge de Carboazotine, rue des Croisades 34, Bruxelles (Belgische Abtheilung) ihr chemisches Produkt „*Carboazotine*" an, dessen Herstellung, Aufbewahrung und Transport völlig gefahrlos sein soll. Gebrauch und Preis ist derselbe wie für gewöhnliches Minenpulver.

8. Ein anderes *gefahrloses Sprengmittel*, „*Pudrolythe*" genannt, fertigt die Fabrik von R. Poch und A. Ghinijonet, à la Hulpe, Brabant (Belgische Abtheilung). Dasselbe soll im Gebrauche eine Ersparniss von 50 pCt. gegen das gewöhnliche schwarze Sprengpulver gewähren und so wenig gefährlich sein, dass es den Fabrik-Besitzern gestattet worden ist, dieses Pulver auf der Eisenbahn wie jede andere Waare zu versenden.

9. *Für die sichere Aufbewahrung geringerer Pulver-Vorräthe* stellen Chubb & Son, St. Pauls Churchyard, London (Englische Abtheilung) Schränke aus, welche innen mit Holz gefüttert und aussen mit starkem Blech stoss- und feuerfest beschlagen, viel Aehnlichkeit mit feuersicheren Geldschränken haben, ohne eine besondere Eigenthümlichkeit weiter zu bieten. Dagegen stellt

10. M. Gossi, rue de Mey, Anvers (Belgische Abtheilung) einen Plan aus, welcher ein ganz *neues System der Einmagazinirung und des Transportes explosiver Stoffe* für sich in Anspruch nimmt. Es wird danach in die Erde — resp. in einen Eisenbahn-Waggon — ein wasserdichter Kasten eingebaut und durch T- und Winkel-Eisen in Fächer von gleicher Grösse eingetheilt. Nachdem der Kasten mit Wasser gefüllt ist, setzt man das Pulver in wasserdichten, würfelförmigen Blechkisten in die Fächer ein, wodurch eine feste Lagerung und völliger Abschluss durch das umgebende Wasser erreicht wird.

Weitere Ausführungen über das angedeutete System verspricht Herr Gossi in einer Brochüre, welche z. Z. den ausgestellten Plänen noch nicht beilag.

11. Ein besonderes Interesse beanspruchen auf dem Gebiete, welches dieses Kapitel behandelt, die Pläne der Patronen-Fabrik zu St. Petersburg, ausgestellt von dem Russischen Kriegs-Ministerium.

Die dort getroffenen Einrichtungen verringern die Gefahr einer Explosion in den Werkstätten auf ein Mindestmass. Es wurde uns ge-

stattet, eingehender Notiz davon zu nehmen, und skizziren wir zur
Erläuterung unserer Ausführungen den wesentlichsten Theil der
genannten Fabrik.

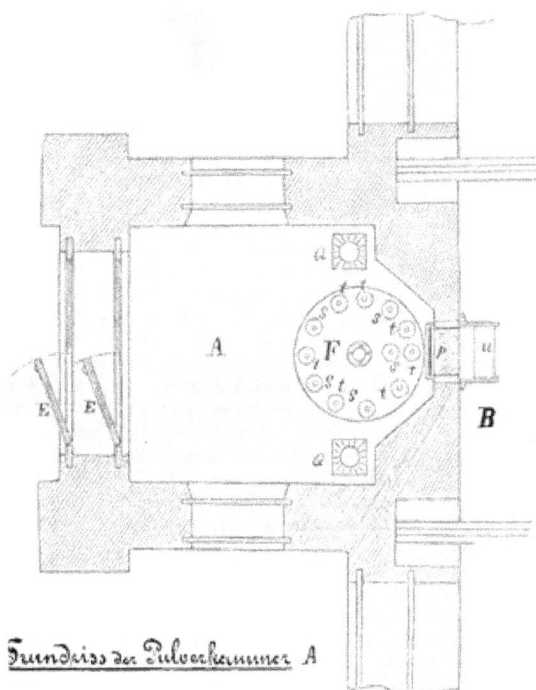

Grundriss der Pulverkammer A

Fig. 4.

Die Herstellung der Patronen erfolgt dort in einer Werkstatt B,
worin eine grössere Anzahl von Lademaschinen C aufgestellt sind,
deren jede durch ein zugehöriges Laderohr D mit Pulver versehen wird. Zu dem Arbeitsraume B gehört die Pulverkammer A,
ein hoher Anbau mit starken Mauern und Thüren EE, die sich
leicht nach aussen öffnen. Dieselbe nimmt die Pulverbüchsen s, t...
auf, welche dazu bestimmt sind, die Lade-Zilinder D mit Pulver zu
versehen. A steht mit B nur durch die Oeffnung p in Verbindung,
welche durch einen, in messingenen Nuthen laufenden, schweren
eisernen Schieber verschliessbar ist. Der Schieber wird auf- und
ab-bewegt vermittelst des Trittbrettes u und der Zugvorrichtung
$x y z$. Die drehbare Tafel F erleichtert das Ergreifen der Büchsen s, t von B aus. Die Einfachheit dieser Einrichtung vermindert

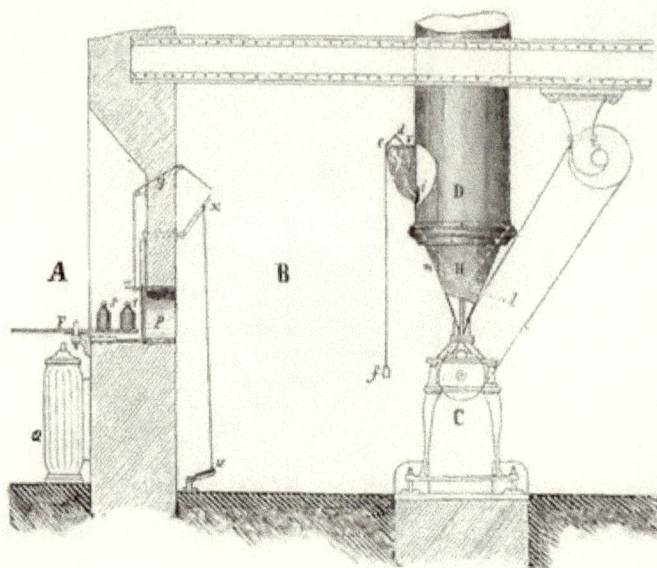

Fig. 4.

die Zeit, während welcher Werkstatt und Pulverkammer in Verbindung sind, auf das geringste Mass und verhindert auch jede Fortpflanzung des Feuers, im Falle einer Explosion in einem der beiden Räume.

Um das Pulver der Büchsen s, t in den Ladezilinder D einzuführen, bedient man sich des Apparates N, G h i k genannt, welcher diese Operation so leicht und schnell ausführt, dass alle Gefahr möglichst dabei ausgeschlossen wird. Geöffnet mit Hülfe der Zugvorrichtung f, e, d, schliesst sich der Apparat, nachdem das Pulver eingeschüttet ist, sofort wieder automatisch durch das Zusammenziehen der Spirale v: dabei ist die Verschlussplatte i derart angeordnet, dass sie — im Falle einer Explosion im Rohre D — nur um so fester schliessen muss. In das kegelförmige Ende des starken eisernen Ladezilinders D ist ein Kartonkegel H von geringeren Dimensionen eingesetzt, in welchem das Pulver aus N über das schräge Brett K niederfällt, um von da aus die Lademaschine C zu speisen. D ragt schornsteinartig über das leichte Dach der Werkstatt hinaus und ist mit einem leichten Zinkdeckel geschlossen. Ereignet sich eine Explosion in dem Laderohre D, so wird somit zunächst der Kartonkegel H, als der schwächste

Theil, zerstört, der Zinkdeckel abgehoben, und ist den Gasen freier Abzug in die Atmosphäre gestattet, der Art, dass die anderen Maschinen des Arbeitsraumes von der Explosion nicht weiter berührt werden. Es wird versichert, dass wiederholte Explosionen in den Laderöhren sich stets nur auf die Zilinder D, D beschränkten und die eben beschriebene Einrichtung als völlig bewährt hingestellt haben.

Eine andere Einrichtung des Betriebes, die gleichfalls dort besteht und als zuverlässig bezeichnet wird, ist die, dass auf beiden Seiten einer Pulverkammer sich ein Arbeitsraum mit je einer Lademaschine befindet. Die Pulverkammer hat sehr starke Mauern, welche sich bis über das Dach des Gebäudes erheben, und ist nur leicht gedeckt. Es befinden sich in ihr 2 Behälter, aus welchen sich das Pulver direkt in die Patronen-Hülsen ergiesst, die vermittelst einer Kette ohne Ende aus dem Arbeitsraume durch eine kleine Maueröffnung unter den Behälter treten und gefüllt wieder zum Arbeitsraume zurückkehren. Auf diese Weise ist es ermöglicht, in dem Arbeitsraume stets nur eine geringe Menge Pulver beisammen zu haben, und bleibt so jede Explosion in der Pulverkammer auf diese selbst beschränkt, wie die Erfahrung bewiesen hat.

Um die Einwirkung einer Explosion auf die Mauern der Pulverkammer abzuschwächen, sind die Pulver-Behälter mit starken eisernen Kästen umgeben, die nach oben und nach der sich nach aussen öffnenden Thüre der Kammer hin offen gehalten sind. Die Pulverkammer betritt nur von Zeit zu Zeit ein Arbeiter, um die Behälter zu füllen.

12. Endlich ist hier noch das vom britischen Ausstellungs-Komité ausgestellte neueste *englische Gesetz über explodirende Stoffe* zu erwähnen:

The Law relating to Gunpowder and other Explosive Substances, with the orders in council relative thereto. (Englische Abtheilung.)

II.

Feuersgefahr im Allgemeinen.

Rettung bei Feuersgefahr.

1. Ein grosses Tableau in der belgischen Abtheilung stellt in den lebhaftesten Farben ein brennendes Fabrik-Gebäude dar, in welchem wilde Flammen den Zutritt zu der Treppe wehren, und die Arbeiter in den oberen Sälen sich der grössten Lebensgefahr Preis gegeben sehen. Darunter befindet sich eine beredte Ansprache an den Beschauer von Ed. van Maele, mécanicien, Thielt, province de la Flandre Occidentale, worin darauf hingewiesen wird, wie häufig gerade bei Fabrik-Bränden Menschenleben zu beklagen seien, und zur Vermeidung ähnlicher Unglücksfälle vorgeschlagen wird:

> *dass jedes Fenster einer Fabrik versehen sein müsse mit einer aussen querlaufenden starken Eisenstange, dass ferner eine Strickleiter für jede Etage vorhanden sein müsse, welche in dem Portale des Gebäudes sicher und stets zugänglich aufzubewahren ist.*

Zu jeder Leiter gehört eine lange starke Schnur, an deren einem Ende ein faustgrosser Stein oder ein entsprechend schweres Eisenstück zu befestigen ist, während das andere Ende an den eisernen Haken gebunden wird, mit welchem jede Leiter an einem Ende versehen ist. Damit ist beim Ausbruche einer noch so heftigen Feuersbrunst stets die Möglichkeit gegeben, an den bedrohten Stellen die gefährdeten Menschenleben zu retten, indem man nur den Strick vermittelst des daran befestigten Steines über die betreffende eiserne Fenster-Stange zu werfen hat, worauf die daran befestigte Strickleiter leicht hinaufgezogen und mit ihrem Haken eingehängt werden kann.

2. Einen Vorschlag zu demselben Zwecke macht d'Aoust, rue du Nord 68, Bruxelles, und begleitet denselben durch ein bis

in's Kleinste ausgeführtes Modell. Danach ist eine *Rettungsleiter, deren Laufbäume von Ketten gebildet werden, auf eine im Dachgeschosse befindliche, in einem Bocke lagernde Walze aufzurollen.* Das freie Ende der Leiter wird mit einem gewichtigen Eisenstücke beschwert und ruht in einer entsprechend breiten Blechrinne, die von der Walze zu einem Mauerschlitze im Hauptgesimse läuft; eine Sperrklinke, von welcher ein dünnes Drahtseil durch alle Stockwerke bis zum Erd-Geschosse führt, hindert das Abrollen der Leiter von der Walze. Im Augenblicke der Gefahr kann von jedem Stockwerke aus durch Ziehen an dem Drahtseile die Sperrklinke ausgesetzt werden, worauf die Leiter sich von selbst von der Walze im Dachraume abwickelt und von den Fenstern aus benutzt werden kann.

Erwähnt sei hier auch noch

3. *Die permanente eiserne Rettungsleiter* von P. Fremy, rue Fremy 17. Lille (Frankreich).

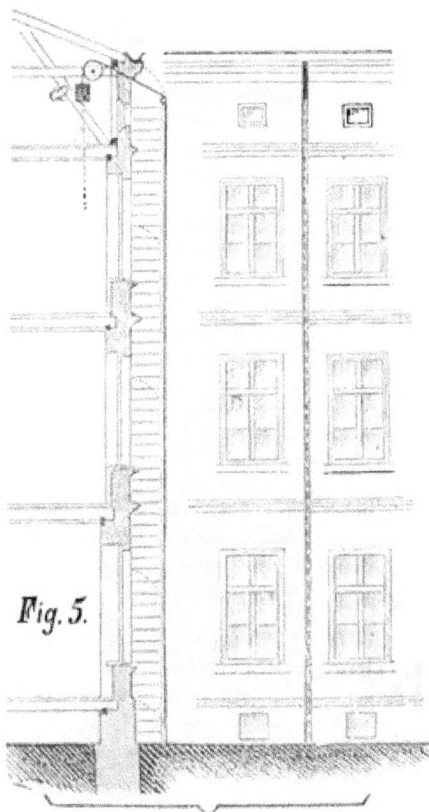

Fig. 5.

Die sämmtlichen Sprossen dieser Leiter sind mit Charnieren an den Leiterbäumen befestigt. Der eine der Leiterbäume ist vertikal in die Mauer eingelassen und fest, der andere beweglich und kann durch Ziehen an dem Gegengewichte Q — wobei die äusseren Enden aller Leitersprossen einen Viertelkreis beschreiben — gehoben und gegen den festen Baum gelegt werden, so dass, wenn die Mauernische nur tief genug ist, die ganze Leiter hinreichend versteckt ist, und das Profil der Façade des Gebäudes nicht beeinträchtigt wird. Vermittelst kleiner Kettchen, welche von der Leiter in jedes Stockwerk durch die Frontmauer des Gebäudes eingeführt sind, kann dieselbe im Augenblicke der Gefahr jederzeit leicht geöffnet werden.

Lösch-Apparate.

4. *Plan* und *Modell* (Englische Abtheilung) zur Erläuterung eines Vorschlages von T. Hall, Chancery Lane, London, *Behufs schneller Löschung von Bränden in Fabriken, Magazinen und feuergefährlichen Gebäuden.* Eine ausserhalb des Gebäudes aufgestellte Feuerspritze A wird je nach Bedarf mit den Röhren $a^1, a^2, a^3, \ldots$ welche in der Frontmauer zu den einzelnen Stockwerken emporlaufen, durch entsprechende Stellung der zugehörigen Hähne in Verbindung gesetzt, und in die an der Decke der Fabrik-Säle befindlichen Röhren-Systeme $b^1, b^2, b^3, \ldots$ Wasser hinaufgepumpt. Die Röhren $b^1, b^2, b^3, \ldots$ sind mit vielen kleinen Oeffnungen versehen, der Art, dass durch das regenartig ausströmende Wasser sowohl der Fussboden als auch die Wände der bedrohten Räume überrieselt werden können.

5. Nicht genug kann an dieser Stelle allen Fabriken die *Anschaffung von Extinkteuren* zur ersten Nothwehr gegen entstehende Brände empfohlen werden, da die auf der Ausstellung damit angestellten Versuche die glänzendsten Resultate lieferten. Es waren vertreten die Extinkteure von Schaeffer & Budenberg, Buckau-Magdeburg, Pasteur & Cie, Rotterdam, Loeb & Strasser, Berlin, und Banolas & Cie, rue des fabriques, Bruxelles. Die beiden letzteren unterwarfen sich einer Probe und siegten in der Bekämpfung des provozirten feurigen Elements mit gleich ausgezeichnetem Erfolge. Der Preis der Apparate beläuft sich bei ca. 30 Liter Rauminhalt auf etwa 130—150 Mark.

Das Prinzip dieser beiden Extinkteure beruht darauf, dass im Augenblicke des Gebrauches eine in dem inneren kleinen Zilinder des Apparates befindliche, zur Entwickelung von Kohlensäure bestimmte flüssige Säure durch einen sicher wirkenden Mechanismus mit der den grossen Zilinder füllenden Natronlösung in Verbindung gebracht wird. Die in Folge dessen augenblicklich entwickelte Kohlensäure übt einen Druck bis zu 10 Atmosphären auf das Wasser des Apparates aus und schleudert dasselbe bei geöffnetem Hahne mit grosser Gewalt bis zu 15 Meter weit. Ein Vorzug dieser Extinkteure gegen frühere Systeme der Art beruht darin, dass in denselben die Gasentwickelung und Spannung erst im Augenblicke der Anwendung hervorgerufen wird. —

Anzeige des Ausbruches eines Feuers.

Sehr zahlreich sind auf der Ausstellung Apparate vertreten, welche dazu bestimmt sind — in feuergefährlichen Räumen angebracht — selbstthätig wirkend jeden Ausbruch eines Feuers sofort anzuzeigen, und heben wir daraus einige hervor, um das angewendete Prinzip zu zeigen.

Wir beginnen mit dem mechanischen

9. *Feuer-Allarm-Apparat* von Th. Anglin, Soelvesborg, gouvernement Blekinge, (Schweden). Derselbe besteht aus 2 Haupttheilen *A* und *B*, von denen der erstere in dem feuergefährlichen Raume (einer Fabrik, eines Waarenlagers), der andere in dem Portier- resp. Nachtwächter-Häuschen des Etablissements aufgestellt wird. Verbunden sind *A* und *B* durch einen Draht, welcher nach Art gewöhnlicher Klingelzüge in Hebelverbindungen geführt ist. *B* ist ein Gehäuse von Holz, welches eine Allarmglocke umschliesst, die durch ein Schlagwerk in Thätigkeit gesetzt werden kann. Dieses Schlagwerk wird gleich einer einfachen Wanduhr durch ein an dem Umfange einer Walze hängendes Gewicht bewegt und mit einem Schlüssel aufgezogen. Eine mit der Drahtleitung in Verbindung stehende Sperrklinke hindert jedoch für gewöhnlich seine Bewegung. *A* ist ein leichtes Holzkästchen, in welchem ein mit Quecksilber gefüllter, geschlossener, leichter Glasballon eine starke Spiralfeder in Spannung erhält. Beim Ausbruche eines Feuers in der Nähe von *A* steigt die Temperatur über das gewöhnliche Mass hinaus, das Quecksilber sprengt, sich ausdehnend, den Ballon, die Spirale schlägt aus, setzt den Klingelzug in Bewegung, die Sperrklinke in *B* fällt aus, das Schlagwerk bewegt sich, und die Allarmglocke ertönt! —

2*

Vollendeter sind die übrigen Apparate zu dem gleichen Zwecke, welche sich durchweg die Elektrizität dienstbar machen und dadurch in Stand gesetzt sind, das Allarmsignal auch auf weitere Entfernungen hin zu geben, sowie gleichzeitig an einem bestimmten Orte (z. B. in der Wohnung des Fabrik-Direktors) auf einer Tafel den vom Feuer bedrohten Raum anzuzeigen.

Ihrer Einrichtung nach zerfallen sie in zwei Gruppen. In einer derselben wird ein kleiner Thermometer angewendet, dessen Quecksilbersäule — sobald die Temperatur des umgebenden Raumes eine gewisse Grenze (z. B. 40^0 R.) überschreitet — gegen einen in dem oberen Theile der Thermometerröhre eingelassenen Metalldraht steigt, durch die Berührung mit demselben einen elektrischen Strom schliesst und die Allarmglocke in Bewegung setzt. Die Apparate der anderen Gruppe beruhen auf der verschiedenen Ausdehnungs-Fähigkeit der Metalle; es werden hier zwei eng verbundene Plättchen, aus Metallen von verschiedenem Ausdehnungs-Kooffizienten (z. B. Stahl und Zinn), auf einem Brettchen mit einem Ende fest eingespannt. Steigt nun die Temperatur, so kann das Doppel-Plättchen wegen der verschiedenen Ausdehnung ihrer Bestandtheile nicht mehr gerade bleiben, sondern krümmt sich, berührt, wenn die Temperatur eine bestimmte Grenze überschreitet, einen in der Nähe gleichfalls auf dem Brettchen angebrachten Metallknopf und schliesst so einen elektrischen Strom, der in gleicher Weise wie vorhin angedeutet, wirkt. Diese Apparate sind zum Theil gleichzeitig auch so eingerichtet, dass sie unter normalen Temparatur-Verhältnissen als elektrische Schelle dienen können, indem durch eine einfache Zugvorrichtung umgekehrt der Metallknopf an das Doppel-Plättchen geführt werden kann. Eine Feder stösst ihn dann stets wieder in seine alte Lage zurück, sobald man aufhört, die Klingelschnur zu ziehen.

Von besonderem Interesse ist der *Allarm-Apparat*

10. von Sanderson & Proctor, Queen Victoria Street, London (genannt: Automatic Fire-Extinguisher and Alarm). Derselbe — für Fabriken und Gebäude bestimmt, in denen Dampfkessel in Thätigkeit sind — ist mit einem besonderen Mechanismus versehen, welcher — gleich der Allarmglocke durch den elektrischen Strom in Bewegung gesetzt — ein Ventil des Dampfkessels sowie gleichzeitig ein kommunizirendes Ventil der Dampfrohrleitung in dem gefährdeten Raume öffnet: der Dampf strömt aus und umhüllt und erstickt das entstehende Feuer im Keime.

Noch weiter in der Kombination der Mechanismen und in der Ausnutzung des elektrischen Stromes geht

11. Frécot, ingénieur opticien, quai des Orfèvres, Paris, mit seinem „Veilleur", der beim Ausbruche eines Feuers nicht nur die Dampfventile in dem bedrohten Raume öffnet, sondern gleichzeitig auch den Eintritt von Leuchtgas in das Gebäude durch Schliessen des Haupt-Gashahnes verhindert und so die Gefahr einer Gas-Explosion von vornherein beseitigt.

Die genannten Apparate sind für die Industrie von hoher Bedeutung: sie sind Wächter, die nie schlafen, und geeignet für die vielseitigste Verwendung. Zur Zeit des Betriebes geben sie der Betriebsmaschine von jedem Fabrikraume aus augenblickliche und genaue Signale; zur Nachtzeit rufen sie beim Ausbruche eines Feuers schnelle Hilfe herbei und treffen die erste Vorsorge zur Bekämpfung der drohenden Gefahr; in Trockenstuben, in welchen eine gleichmässige Temperatur von grosser Wichtigkeit für die Güte des Produktes ist, kontroliren sie den Wächter, zeigen sofort jede Nachlässigkeit desselben der Fabrikleitung an und schliessen, wo Gefahr im Verzuge (wie z. B. in den Trockenkammern der Pulverfabriken), event. selbstthätig die Heizrohre.

Wir schliessen damit unsere Mittheilungen über die ausgestellten Rettungs- und Hilfsmittel bei Feuersgefahr, indem wir auf die grosse Anzahl der vertretenen beweglichen Rettungs- und Lösch-Apparate, auf die Einrichtung von Feuer-Meldestationen, Organisation von Feuerwehrkorps etc. etc. als unserem Zwecke ferner liegend, nicht weiter eingehen; dem Fachmanne bot die Ausstellung in dieser Hinsicht eine ausserordentliche Fülle von Material zum Studium und zur Vergleichung dar.

Es erübrigt uns nur noch zum Schlusse dieses Kapitels einiger, gleichfalls hierher gehöriger Ausstellungs-Gegenstände Erwähnung zu thun, welche dazu bestimmt sind, dem Ausbruche eines Feuers vorzubeugen.

Vorbeugungsmittel gegen Feuersgefahr.

12. Tagleicht, Czerningasse, Wien, stellt einen Funkenfänger für Fabrik-Kamine aus.

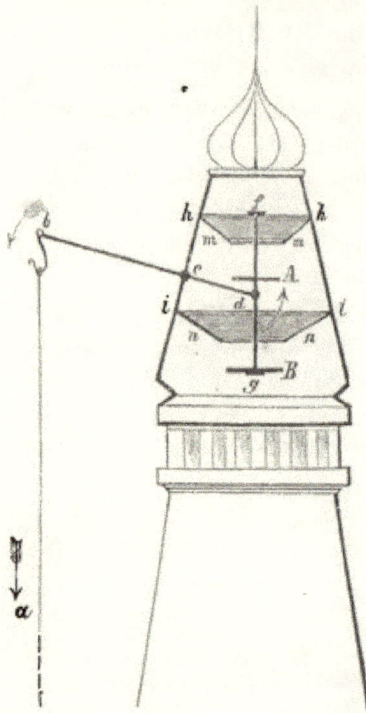

Fig. 6.

. Es sind hier unter *A* und *B* Scheiben von Eisenblech zu
verstehen mit vielen, etwa 1 Zentimeter im Durchmesser haltenden
Oeffnungen versehen, gleich wie die Kegelflächen *m, n*. Durch
diese Einrichtung wird der Zug in dem Kamine nur unwesentlich
beeinträchtigt, jedoch die Rauchmasse vielfältig getheilt, und ge-
nöthigt, in gewundener Bahn die Esse zu verlassen; dabei stossen
die weniger fügsamen Funken gegen die Bleche *B, n* resp. *A, m*
und erlöschen. *b d* ist ein Hebel mit dem Stützpunkte *c;* in *d* ist
die Stange *f g* mit den Scheiben *A* und *B* vermittelst eines Char-
nieres befestigt; in *b* der Zugdraht *a*. Durch diese Vorrichtung
kann vom Fusse der Esse aus der Zug im Kamine regulirt werden.

13. Ein anderer *Funkenfänger, mehr für Lokomotiven und Lo-
komobilen geeignet,* von Munktell, Eskilstuna (Schweden), fängt
die Funken mit einer Blechhaube auf, von welcher sie in eine,
die Esse konzentrisch umgebende, stets mit Wasser gefüllte Blechrinne zurückfallen und erlöschen. Haube und Rinne sind mit einem
weiten Blechmantel umhüllt, so dass die ganze Vorkehrung äusser-
lich wie eine ballonförmige Erweiterung der Esse erscheint.

14. Ottermann, Liège (Belgische Abtheilung) stellt einen *Funkenfänger* von Schäffer & Budenberg, Buckau-Magdeburg, aus, ein schneckenförmig gewundenes, mit vielen feinen Oeffnungen versehenes Dampfrohr von geringem Durchmesser, welches, in dem Kamine angebracht, durch ausströmenden Dampf die Funken auslöscht. Dabei ist die Anordnung derartig, dass der Dampfverbrauch nur ein geringer ist und durch Vermehrung des Zuges sich in Etwas wieder nutzbar macht.

15—19. *Unverbrennliche Dachpappen* sind ausgestellt von Rollier & C^i.e., Laeken in Belgien, und Koenig, Johannesgasse, Wien; *feuerfeste Mosaik-Parquets* von Briffaut, Lille in Frankreich; eine *gewölbte feuerfeste Zwischendecke* aus eisernen T-Trägern und *Beton*, von Homann & Rodgers, Grace-Church-Street, London; auch fehlt hier nicht das bekannte Holz-Cementdach von Haeusler, Hirschberg in Schlesien.

20—23. *Unverbrennliche Bekleidungsstoffe* und *flammensicheres Holz* stellen Kreittmayr, Maximilianstrasse, München, Damseaux, Ghlin in Belgien, Landauer & Stromeyer, Konstanz, und Bergrath Patera, Wien, aus. Die letztgenannte Ausstellung ist begleitet von einer kleinen Brochüre („Ueber Flammenschutzmittel", Adolph Patera, Wien, Buchhandlung v. Braumüller & Sohn), worin der Verfasser einen kurzen historischen Ueberblick über die Bestrebungen auf dem genannten Gebiete und die bisher erreichten Resultate bringt, sowie über die von ihm nach jahrelangen Versuchen erprobt befundenen und angewendeten Mittel Aufschluss giebt.

Danach wird von ihm zum Imprägniren von Bekleidungsstoffen eine Mischung von 4 Th. Borax + 3 Th. Bittersalz (in warmem Wasser gelöst) oder von schwefelsaurem Ammoniak + schwefelsaurer Kalkerde (Gyps) empfohlen; für Holz ein Anstrich mit einer Mischung von 100 Th. Wasser + 33, 3 Th. schwefelsaurem Ammoniak + 66, 6 Th. Gyps oder 100 Th. Wasser + 25 Th. Borax + 25 Th. Bittersalz oder endlich 100 Th. Wasser + 28 Th. kieselsaurem Natron.

Wir begnügen uns mit diesen Andeutungen. Bergrath Patera behandelt seinen Gegenstand, der mit Recht ein allgemeines Interesse beanspruchen darf, mit grosser Wärme, und weisen wir zu weiterer Orientirung ganz auf das bereits erwähnte, von ihm verfasste Schriftchen hin.

III.

Dampfkessel-Betrieb.

Kessel-Revisions-Vereine.

1—2. Von *Dampfkessel-Revisions-Vereinen* sind auf der Ausstellung die Association pour la surveillance des chaudières zu Brüssel und der Magdeburgische Verein vertreten. Beide legen ihre Statuten und Jahresberichte aus und bieten eine höchst interessante Sammlung von Theilen explodirter oder schadhaft gewordener Dampfkessel. Die Organisation und das Wirken des Magdeburgischen Vereins ist in den industriellen Kreisen Deutschlands hinlänglich bekannt; aus den Berichten des Brüsseler Vereins theilen wir mit, dass derselbe am 1. Januar 1873 mit einer Betheiligung von 496 Kesseln in's Leben getreten ist und deren zur Zeit 1298 zählt.

Der letzte Jahresbericht hebt mit Genugthuung hervor, dass seit dem Bestehen des Vereins bei keinem der von ihm beaufsichtigten Kessel ein erheblicher Unfall zu beklagen gewesen sei, während im Uebrigen in Belgien in den letzten 3 Jahren nicht weniger als 30 Kessel-Explosionen stattgefunden hätten, wobei 49 Personen getödtet worden wären. Die genannten Berichte behandeln in eingehender Weise die bei den Kessel-Revisionen vorgefundenen Schäden und Mängel und verdienen Interesse. —

Mittel gegen den Kesselstein.

Was die ausgestellten *Mittel gegen den Kesselstein* anbetrifft, so übergehen wir diejenigen Präparate, welche uns als mystische Tinkturen oder Pülverchen ohne jede weitere Angabe (ausser einer Anpreisung ihrer „Unfehlbarkeit für alle Fälle") entgegentreten, und berichten zunächst über ein in Deutschland noch wenig zur Anwendung gekommenes Anti-Kesselsteinmittel, über das *Zink*.

3. Die Société de la Vieille-Montagne (Belgische Abtheilung) stellt eine *Zinkbarre* von der Grösse eines gewöhnlichen Backsteines aus, welche 6 Monate lang in einem ihrer Betriebskessel im Gebrauche gewesen ist und angeblich die vorzüglichsten Resultate ergeben hat. Das Zink hat dabei an Gewicht verloren, ist bröcklich geworden und vielfach zersprungen, hat aber im Ganzen seine ursprüngliche Form bewahrt. Die Wirksamkeit des Zinks ist hier offenbar eine elektrische, da sich in demselben und dem Eisen der Kesselwände ein positives und ein negatives Metall gegenüberstehen, wodurch ein lebhafter ununterbrochener elektrischer Strom entsteht, der sich der Bildung von Inkrustationen widersetzt. Die Zinkbarre wird am Besten an einem Zinkdrahte im Kessel aufgehängt, und haben die Versuche der Vieille-Montagne gezeigt, dass auf je 100 Pferdestärken Dampf und 3 Monate Betrieb 20 Kil. Zink ausreichen.

4. Ein *Glyzerin-Präparat* von eigener Erfindung, welches in Russland mit vielem Erfolge zur Anwendung kommen soll, bietet die chemische Fabrik von Ossavetzky & Cie in Moskau zum Preise von 85 Fr. pro 100 Kil. an. Es sind davon alle Monate 1—1½ Kil. auf je 2000 Kil. verbrauchte Kohle zu rechnen, und gleichfalls ist alle Monate eine Kesselreinigung vorzunehmen, welche leicht von Statten geht, da sich beim Gebrauche des Mittels nur ein schlammiger Niederschlag auf dem Boden des Kessels ablagert.

Glyzerin, altes Schmieröl und ähnliche Substanzen werden auch in einzelnen Fabriken Deutschlands mit Erfolg angewendet; doch hat die grosse Schlammmasse, welche man in dem Kessel erhält, ausser manchen anderen Nachtheilen zum Mindesten den zur Folge, dass der Heizeffekt wesentlich beeinträchtigt bleibt, wenn auch nicht in dem Grade, als wie durch den festen Kesselstein, den man ohne Anwendung dieser Mittel erhalten haben würde.

5. Wissenschaftlicher wird die Kesselsteinfrage von der Société du Désincrustant Végétal zu Paris, rue Thibaut, behandelt. Dieselbe fertigt den Fabriken gratis eine Analyse des Speisewassers ihrer Dampfkessel an und setzt demgemäss für jeden einzelnen Fall ein Mittel zusammen, von dem pro Monat und Pferdestärke ½—1 Kil. (à 1 Fr.) in den Kessel zu geben ist. Es ist gleichzeitig von der genannten Gesellschaft eine kleine

Brochüre beigelegt, welche eine Uebersicht über die bisher ge-
brauchten Mittel gegen den Kesselstein gibt, dieselben in alkalische,
saure, organische und elektrische eintheilt und kritisirt. Zahlreiche Atteste von Eisenbahn-Direktionen und bedeutenden Fabriken sind beigefügt, welche die Wirksamkeit des von der Gesellschaft gelieferten „Désincrustant Végétal" bezeugen.

6. Am sichersten freilich — wenn auch mit nicht unerheblichen
Kosten — wird man den durch das Speisewasser veranlassten
Uebelständen immer begegnen, wenn man dasselbe bereits vor
seinem Eintritte in den Kessel in besonderen Apparaten auf
chemischem und mechanischem Wege völlig reinigt, indem man
die in dem Wasser enthaltenen löslichen Salze in unlösliche über-
führt, und dieselben dann, da sie nunmehr nur noch mechanische
Bestandtheile des Wassers sind, durch einfache Filtration entfernt.
Diese Aufgabe verfolgt ein von Le Tellier, Brüssel, Chanssée
de Forest, ausgestellter Apparat, welcher auch bereits in deutschen
technischen Zeitschriften Berücksichtigung gefunden hat. Es
wurden uns zahlreiche Zeugnisse von gewerblichen Unternehmen
vorgelegt, welche sich sehr anerkennend über die Leistungen des
genannten Apparates aussprechen. Derselbe besteht der Hauptsache nach aus zwei nebeneinander gestellten zilindrischen Blech-
behältern von verschiedener Grösse. In den kleineren Zilinder
strömt das Speisewasser aus einem etwas höher gelegenen Reservoir
ein und löst daselbst ein chemisches Reagens, welches, durch eine
vorher angestellte Wasser-Analyse ermittelt, zur Ausscheidung
der in dem Wasser löslich enthaltenen Salze bestimmt ist. Die
Sättigung mit dem Reagens wird dadurch beschleunigt, dass das
Speisewasser durch eine Brause eingeführt wird und auf eine am
Boden des Behälters angebrachte Spiralfeder fällt, welche dadurch
in beständige Schwingungen versetzt wird. Das Wasser erscheint
nunmehr getrübt durch die noch mechanisch beigemengten unlöslichen Salze, steigt in den grösseren Zilinder hinüber und gelangt
durch Filterröhren in einen unteren Behälter, aus dem es durch
die Speisepumpe weggesaugt wird. Theils durch die saugende
Wirkung der Speisepumpe, theils durch den Druck des aus dem
höher gelegenen Reservoir zuströmenden Wassers und einen eingeschalteten Injektor, wird die Filtration rege und kontinuirlich
erhalten. Ein Schwimmer regulirt selbsthätig den Zufluss des
Wassers in den Apparat.

Dadurch, dass man Dampf oder Wasser in umgekehrter
Richtung durch die Filter treten lässt, was etwa wöchentlich ein
Mal zu geschehen hat, sind dieselben leicht zu reinigen; der in
dem unteren Behälter sich ansammelnde Schlamm kann durch
einen zu diesem Zwecke angebrachten Hahn entfernt werden.
Alle 4 Wochen sind die Filterröhren auszuwechseln und mit einer
Bürste einer gründlicheren Reinigung zu unterwerfen. — Apparate
für Kessel von 5 bis resp. 15 Pferdestärken liefern 200 bis resp.
400 Liter gereinigtes Speisewasser und kosten 225 bis resp. 875 Fr.

7. Champy, Chemiker der bereits oben genannten Association
pour la surveillance des chaudières zu Brüssel, stellt das *Modell
eines Dampfkessels* aus, *der mit einem besonderen, von ihm konstruirten, patentirten Apparate zu leichter und schneller Reinigung
von Niederschlägen versehen* ist. Champy erklärt sich dafür, dass
die chemischen Mittel gegen den Kesselstein direkt in dem Kessel
anzuwenden seien, da die Einrichtung besonderer Reinigungs-
Apparate ausserhalb des Kessels stets mit erheblichen Kosten und
Umständen verknüpft sei; nur müsse man dann dafür Sorge
tragen, dass die durch das eintretende Speisewasser und das
chemische Reagens immer von Neuem sich bildenden Niederschläge
auch stets ebenso schnell wieder entfernt würden, und jedes An-
sammeln grösserer Schlammmassen unmöglich gemacht würde. Zu
diesem Zwecke sei der oben angedeutete einfache Apparat konstruirt. Derselbe besteht aus einem Systeme von Blechröhren,
welche den Kessel und die Siederohre an ihren tiefsten Stellen
durchlaufen, stets 2 cm. Abstand von dem Boden haltend. Der
Durchmesser der Röhren beträgt 4—5 cm.; und sind dieselben
an der unteren Fläche mit zahlreichen Oeffnungen von 5—6 mm.
Durchmesser versehen. Die Röhren des Kessels, wie auch die
eines jeden Siederohres sind unter einander verbunden und haben
je einen gemeinsamen Abflusshahn, der an der Vorderseite des
Kessels angebracht und dem Kesselwärter bequem zur Hand ist.
So wie man nun den Abflusshahn öffnet, — was täglich etwa
2 Mal zu geschehen hat —, entsteht um die Röhren des Apparates
eine lebhafte Bewegung des Wassers, das durch die zahlreichen
kleinen Oeffnungen in dieselben hineinstürzt; jede Oeffnung saugt
den in ihrer Nähe befindlichen Niederschlag auf und in wenigen
Sekunden ist der Kessel vollständig gereinigt. —

Herr Champy erklärt sich zu jeder weiteren Auskunft bereit.
Erfahrungen über seinen Apparat liegen noch nicht vor.

Dampfkessel-Systeme.

Dampfkessel sind auf der Ausstellung nur in geringer Anzahl vertreten. Dieselben haben fast sämmtlich bereits auf den grossen Industrie-Ausstellungen der letzten Jahre debütirt und zum Theil Preise davon getragen, und ist von dort aus s. Z. von den berufensten Fachmännern genugsam über die bezüglichen Systeme mitgetheilt worden. Wir haben hier nur eine Konstruktion als ganz neu hinzuzufügen: es ist dieses der

8. *„Plattenkessel"* von Jacobs-Donkerwolcke zu Ninove in Belgien (chaudière à vapeur à surfaces planes inexplosible). Dieser Kessel besteht der Hauptsache nach aus 3 mit einander kommunizirenden Theilen: einem grossen Längszilinder in annähernd horizontaler Lage, darunter vorne querliegend ein Siederohr von etwas geringerem Durchmesser und hinten ein System von vertikal gestellten flachen Wasserkisten aus Walzblech. Das Siederohr liegt unmittelbar quer über der Feuerung, ist ganz mit Wasser gefüllt und von der direkten Flamme umspielt. Der Hauptzilinder ist in seiner unteren Hälfte mit Wasser gefüllt und von den Feuergasen umgeben; seine obere Hälfte dient zur Aufnahme des entwickelten Dampfes. Die Wasserkisten sind so angeordnet, dass die Feuergase dieselben in Schlangenwindungen auf- und absteigend umziehen und ihre letzte Wärme an sie abgeben müssen. Das Speisewasser tritt in die letzte Wasserkiste ein, durchzieht, auf- und absteigend, in Schlangenwindungen, parallel und entgegen dem Strome der Feuergase, das System der Wasserkisten und gelangt, allmählich vorgewärmt, in das Siederohr und den Hauptzilinder. Das Wasser wird hierbei seine Kesselstein bildenden Niederschläge bereits in den Wasserkisten ablagern, wo derselbe kaum gefährlich werden kann. Die Kisten können sämmtlich auf leichte und schnelle Weise seitlich geöffnet und mittels einer einfachen eisernen Kratze von den Niederschlägen gereinigt resp. ausgewechselt werden. Erfahrungen darüber, wie der Kessel sich in der Praxis bewährt, liegen noch nicht vor. Der Preis des ausgestellten, auf 25 Pferdestärken konstruirten Kessels ist 5000 Fr.

Kessel-Garnitur.

Kessel-Ausrüstungs-Gegenstände sind auf der Ausstellung zahlreich vertreten. Wir heben nur einige der hierher gehörigen Gegenstände hervor, ohne dass wir ausführlicher darauf eingehen und verweisen zu weiterer Orientirung auf die illustrirten Preis-Listen der namhaft gemachten Firmen. Es zeichnet sich hier besonders die Firma Schaeffer & Budenberg zu Buckau bei Magdeburg aus, welche durch ihr belgisches General-Depot in der belgischen Abtheilung vertreten wird; **nur hätten wir gewünscht, die berühmten Erzeugnisse dieser Firma auch unter deutscher Fahne auf der Ausstellung zu sehen.**

9. Der *Doppel-Manometer* von Schaeffer & Budenberg, in Fabriken noch wenig anzutreffen, ist als ein Fortschritt in der Vervollkommnung der Apparate, welche zur Anzeige des Dampfdruckes in den Dampferzeugern dienen, zu verzeichnen. Sein Vorzug gegenüber dem einfachen Manometer besteht darin, dass er sich gewissermassen selbst kontrolirt. Es ist in demselben nämlich die, wie gewöhnlich, aus einem Stücke bestehende Röhrenfeder in ihrer Mitte befestigt und zwar der Art, dass die beiden Hälften wie zwei von einander unabhängige Federn vermittelst je eines Triebwerkes auf je eine Skala wirken. So lange nun die Angaben auf beiden Skalen übereinstimmen, kann man mit Sicherheit annehmen, dass der angezeigte Druck der wirklich vorhandene ist, da es sehr unwahrscheinlich, dass im Falle eines Schadhaftwerdens beide Hälften der Feder genau denselben Fehler haben würden.

10. Der *Leuchtmanometer* von Ed. Rau zu Brüssel (Belgische Abtheilung) — (wird gleichfalls angefertigt von Schaeffer & Budenberg) — auf Lokomotiven bereits vielfach angewendet, empfiehlt sich auch für Fabriken überall da, wo Kessel bei Nacht arbeiten oder in dunkeln Räumen stehen, wie das bei alten Anlagen so häufig der Fall. Die Erleuchtung der Skala erfolgt hier durch eine im Inneren des Manometers angebrachte kleine Oellampe und gewährt dadurch erhebliche Vortheile:

Es ist das Zifferblatt des Manometers auf grössere Entfernungen hin lesbar, als dies selbst durch eine unmittelbar daneben gestellte Lampe oder Gasflamme der Fall ist, was den Vortheil gewährt, dass der Apparat event. in grösserer Entfernung von dem Kesselwärter angebracht werden kann · und so in allen beschränkten Räumen mehr vor Zerstörung durch ungeschickte Handhabung des Schürhakens gesichert bleibt. Der Schatten, welchen sonst die Nadel wirft und dadurch das Auge auf die Dauer ermüdet, fällt hier weg; auch wird das Auge nicht beständig auf eine daneben stehende Lichtquelle abgelenkt.

Der Preis eines neuen vollständigen Leuchtmanometers beträgt 48 Mark. Die Anbringung der Leuchtvorrichtung an einen im Gebrauche befindlichen gewöhnlichen Manometer 36 Mark.

Von *Wasserstands-Anzeigern* sind ausgestellt: *Wasserstands-Gläser* und *Schwimmer*. Von den ersteren verdienen wohl kaum noch jene Beachtung, welche einfach als ein Verbindungsglied zwischen zwei unmittelbar in die Kesselwand eingeschraubte Hähne eingeschaltet sind; dass da die Gläser springen, wo die Erschütterungen der Kesselwand noch einwirken, ist wohl nicht zu verwundern; und ist jedenfalls der auch bei neueren Kesseln bereits zu findenden Einrichtung der Vorzug zu geben, bei welcher zuvörderst ein starker, hohler, gusseiserner Zilinder an der vorderen Kesselwand angebracht ist, der mit dem Inneren des Kessels kommunizirt und nun seinerseits erst zu jeder Seite je ein Wasserstandsglas trägt.

'11. Schaeffer & Budenberg stellen diese allen anderen vorzuziehenden *Doppel-Wasserstandsgläser gleichzeitig mit Probirhähnen und der gesetzlich vorgeschriebenen Wasserstandsmarke versehen* aus, in einer Ausstattung, dass dieselben jedem Kessel zur Zierde gereichen dürften.

Von *Schwimmern* finden sich die verschiedensten Kombinationen vor. Dieselben zeigen entweder direkt durch einen vertikalen Stab resp. vermittelst eines Magneten auf einer Skala die Höhe des Kesselwassers an,

12. (letzteres z. B. der in Frankreich verbreitete *Apparat* von Lethuillier & Pinel, Rouen), oder sie wirken in Hebel-Verbindungen, wie die *Schwimmer* von

13. Dougneaux, Brüssel, und die der

14. Compagnie anonyme pour la fabrication des bronzes etc., Brüssel, u. A. Dabei ist der Schwimmer zumeist ein linsenförmiger, hohler Blechkörper oder eine Steinplatte, im letzteren Falle mit einem Gegengewichte versehen; und setzt derselbe in der Regel gleichzeitig durch einfache Hebelvorrichtungen eine Allarmpfeife in Thätigkeit, um den Kesselwärter von dem „Zuviel!" oder „Zuwenig!" des Wassers zu benachrichtigen.

Doch wir verlassen diese Apparate, deren Vor- und Nachtheile hinlänglich bekannt sind; nur möchten wir sie zur Ergänzung und gegenseitigen Kontrole neben den Wasserstandsgläsern wieder zu Ehren bringen, welche bei der geringsten Undichtheit des oberen

Hahnes (Dampfhahnes) regelmässig unzuverlässig sind, indem sie dann ein höheres Niveau angeben, als im Kessel wirklich vorhanden ist. Um ganz sicher zu gehen, empfiehlt sich daher die Anbringung eines Wasserstandsglases und eines Schwimmers zugleich.

15. Der *Speiserufer*, *„System Henyon"*, von Schaeffer & Budenberg ist neueren Datums und von Interesse. Es werden hier die Nachtheile des Schwimmers vermieden, da der Apparat sich für gewöhnlich in völliger Ruhe befindet und nur im Augenblicke der Gefahr in Thätigkeit tritt, somit keine Abnutzung irgend welcher Theile stattfindet; ausserdem ist derselbe auch bei Kesseln anwendbar, bei welchen ein Schwimmer nicht angebracht werden kann. Der Apparat besteht aus einem gusseisernen, oben geschlossenen Behälter, welcher auf dem Kessel befestigt ist und durch ein unten offenes, bis auf den niedrigsten Wasserstand hinabgehendes, vertikales Rohr mit dem Kessel kommunizirt. In dem Kessel befindet sich ein halbkugelförmiger kupferner Becher, in dem lose eine durch eine Spiralfeder nach oben gedrückte Spindel sitzt, welche an ihrem oberen Ende mit einem Konus die Allarmpfeife schliesst. Für gewöhnlich ist der eiserne Behälter, das Verbindungsrohr und der Becher mit dem Kesselwasser gefüllt. Sinkt jedoch das Wasser im Kessel unter die normale Grenze, so wird das Ende des Verbindungsrohres frei, der Apparat entleert sich, mit Ausnahme des Bechers, welcher durch das Gewicht des ihn füllenden Wassers sich abwärts bewegt und so die Allarmpfeife öffnet. Eine besondere Vorkehrung ermöglicht die jederzeitige Revision des Apparates.

16. Der *kontinuirliche Speise-Apparat* von Dervaux, Brüssel, rue des Tanneurs. Der Haupttheil des Apparates ist ein Hahn, dessen Schlüssel A durch eine Transmission in beständiger Rotation erhalten wird und in eine obere und untere Abtheilung zerfällt, von denen jede 4 Höhlungen besitzt. Die Höhlungen des oberen Theiles von A nehmen das aus dem Reservoir zufliessende Speisewasser auf und geben es an die untere Abtheilung ab, welche durch die Röhren b und c mit dem Dampfkessel in Verbindung ist; der Art, dass b nur bis auf den normalen Wasserstand hinabreicht, c aber bis auf das tiefste statthafte Niveau. Sinkt nun das Wasser unter die normale Grenze, so tritt durch b Dampf in die unteren Höhlungen von A, wärmt dort das aus der oberen Abtheilung des Hahnes zugeführte Speisewasser vor und treibt es

durch *e* so lange in den Kessel, bis der Wasserstand wieder
normal ist und kein Dampf mehr in *b* eintreten kann, somit die
Speisung aufhört. Es ist ersichtlich, dass so stets ein normaler
Wasserstand unterhalten wird, ohne dass es des Zuthuns des
Kesselwärters bedarf. Nach Angabe des Ausstellers können mit
dem Apparate 4 Kessel, selbst mit verschiedenem Wasserniveau,
auf einmal gespeist und der Wasserstand in einem jeden derselben
stets konstant erhalten werden. Beim Abstellen der Maschine
kann *A* durch eine Kurbel bewegt werden und die Speisung mit
der Hand erfolgen.

Der Preis des Apparates beträgt

für 1 oder 2 Kessel von 25 Pferdestärken 750 Fr.

„ 1 „ 2 „ „ 50 900 Fr.

Gleichfalls von Interesse ist

17. Der *automatische Speise-Apparat* von Cohnfeld, Pot-
schappel, Sachsen, ausgestellt in der russischen Abtheilung durch
Ingenieur Cohnfeld, Petersburg. Bei diesem Apparate wird der
Dampf des Kessels selbst als Motor für seine Ingangsetzung
benutzt, und bedarf es keiner Transmission, wie in dem eben
beschriebenen Apparate von Dervaux. Auch hier erfolgt die Speisung ohne alles Zuthun des Kesselwärters, so dass die Gefahr des
Wassermangels als Folge der Unachtsamkeit des Wächters eben-
falls hinwegfällt.

Der auf dem Kessel angebrachte Apparat besteht im Wesent-
lichen aus einem gusseisernen, vertikal zilindrischen Behälter,
welcher in eine obere und untere Abtheilung, *O* und *U*, zerfällt.
O steht mit einem höher oder tiefer gelegenen Wasser-Reservoir
in Verbindung; *U* ist verbunden durch die offenen Röhren *b* und *c*
mit dem Kessel; und zwar geht *b* bis auf den normalen Wasserstand hinab, *c* aber tiefer. Bei normalem Wasserstande sind *O*
und *U* mit Wasser gefüllt. Sinkt aber das Niveau im Kessel
unter die Normale, so tritt durch *b* so lange Dampf in *U*, bis
dort der gleiche Druck wie im Kessel vorhanden ist. Dieses
Gleichgewicht wird aber gestört durch die Wassersäule in *U*,
welche auf das Ventil der Röhre *c* drückt, es öffnet und durch *c*
so lange den Kessel speist, bis der Wasserstand wieder die Normale erreicht und den Dampf von dem Rohre *b* absperrt. Ein
Theil des durch *b* in *U* gelangten Dampfes tritt durch eine
zweckentsprechende Verbindungsröhre nach *O* hinüber und drückt

das darin befindliche Wasser nach U hinab, so den durch die Speisung des Kessels erlittenen Verlust dort sofort wieder ausgleichend; doch kondensirt sich der Dampf in O sehr schnell, es entsteht ein luftverdünnter Raum, und neues Speisewasser tritt aus dem Reservoir in Folge des Druckes der Atmosphäre nach O hinüber. Das Spiel des Apparates kann nun von Neuem beginnen.

18. Unter den ausgestellten *Kondensationswasser - Ableitern*, welche in der Oekonomie des Dampfkessel-Betriebes eine Rolle spielen und in der Regel auf einem Schwimmer beruhen, erregt weitaus das meiste Interesse der noch wenig gekannte Apparat von Kusenberg (angefertigt von Schaeffer & Budenberg), dessen Wirksamkeit auf der Ausdehnung und Zusammenziehung der Metalle beim Wechsel der Temperatur beruht.

Zwei leicht gebogene Messingrohre a und b sind der Art zu beiden Seiten einer schmiedeeisernen Stange in ein Joch gespannt, dass diese Stange für beide Bogen die gemeinschaftliche Sehne bildet und eine Ausdehnung in der Längendimension unmöglich gemacht ist. Die beiden Rohre sind an einem Ende verbunden, am andern offen. Der Dampf tritt durch a ein und von da nach b hinüber; die Rohre werden warm, krümmen sich und schliessen durch diese Bewegung ein Ventil, welches sofort den Dampf absperrt. Bei eingetretener Verdichtung nehmen die Rohre ihre frühere flachere Krümmung wieder an, das Ventil öffnet sich, lässt durch das freie Ende von b das Kondensationswasser ablaufen, worauf durch neuen Dampfzutritt der Vorgang sich wiederholt.

So sinnreich und einfach dieser Apparat ist, so praktisch ist er auch. Jeden Dampfverlust verhütend, ist er in jeder Lage, hängend und liegend, verwendbar, jedem Dampfdrucke durch Stellung des erwähnten Ventils anzupassen, friert nie ein, bedarf keines Luftventils, und ist leicht und schnell vermittelst Durchblasens von Dampf zu reinigen.

19. Endlich erwähnen wir noch zum Schlusse dieses Kapitels einer besonderen Methode, um einen *Leck in einem Dampferzeuger* resp. Wasser-Reservoir *schnell* derart *zu schliessen*, dass der Apparat betriebsfähig bleibt, bis sich geeignete Zeit zu gründlicher Ausbesserung bietet; es ist dieses eine Ausstellung von John William Wood zu Harwich in Essex, England, Fig. 7. [Prospekt.]

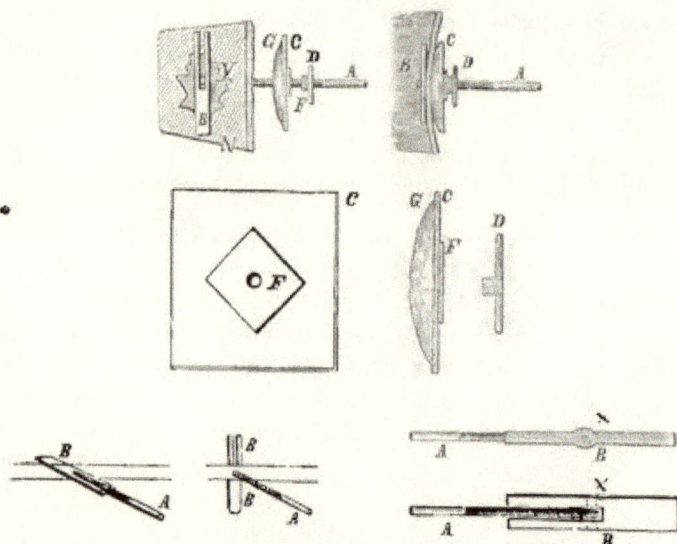

Fig. 7. (Prospekt.)

Es ist hier *A* ein, mit einem Schraubengewinde versehener, eiserner Stab, mit einem Querbolzen *x*, auf welchem der platte, auf einem Ende gegabelte Eisenkörper *B* balancirt. *G* ist ein dickes Filzstück, *C* ein starkes Blech, *F* eine Unterlagsscheibe, *D* eine Schraubenmutter mit Handhabe. Um nun z. B. das Loch *V* in der Wand *N* zu schliessen, führt man *A, B* durch *x, V*, bewegt *A* ein wenig, worauf sich *B* im Innern des schadhaft gewordenen Behälters aufrecht stellt, schiebt *G, C, F* auf *A* und schliesst mit *D* zu.

Die Idee ist jedenfalls originell, die Ausführung leicht; doch dürfte der Apparat wohl nur für Schiffskessel, sowie für Schiffs- und Bootwände besonderen Werth haben; namentlich zu Kriegs- zeiten, um Oeffnungen schnell unschädlich zu machen, die durch Geschosse entstanden sind.

IV.
Heizung und Ventilation.

Von den zahlreichen *Heizungs-* und *Ventilations-Einrichtungen,* welche sich uns auf den ausgestellten Plänen in Aussicht genommener und ausgeführter Anlagen darstellen, greifen wir vor Allem ein Beispiel heraus, in welchem durchweg nur die einfachsten Mittel zur Anwendung kommen, und dessen Nachahmung sich für Schlafsäle, Schulsäle und Fabrik-Werkstätten überall da empfiehlt, wo man keinen Dampf zur Verfügung hat und eine Warme-Luft- resp. Warme-Wasser-Heizung nicht einführen mag oder kann.

Es ist dieses

1. die *Heizung* und *Ventilation* des zu Christiania im Bau begriffenen *Staats-Hospitals* (Norwegische Abtheilung). *Fig.* 8 (siehe umstehend) giebt das Wesentlichste der dort getroffenen Einrichtungen wieder.

In der Mitte des Schlafsaales befinden sich 2 Oefen W und 2 Ventilations-Kamine V. V ist mit dem Saale durch die in der Nähe des Fussbodens angebrachten Oeffnungen Z verbunden. Der hohle Kern von W steht durch den Kanal T in Verbindung mit der Atmosphäre. Die in dem Kerne der Oefen erwärmte Luft steigt aufwärts, verbreitet sich in dem Saale und zieht immer von Neuem frische Luft zur Erwärmung in den Ofen nach. Die warmen Rauchgase des Ofens treten in ein Blechrohr ein, welches inmitten des Ventilations-Kamines V aufwärts läuft, erwärmen die umgebende Luftsäule und bewirken dadurch einen starken Zug in dem Kamine, wodurch die am Boden des Saales lagernde verbrauchte schlechte Luft beständig weggesaugt wird. Im Sommer, wenn die Heizung wegfällt, wird die Wirkung der warmen Rauchgase im Kamine durch einen oberhalb angebrachten Kranz von Gasflammen ersetzt.

3*

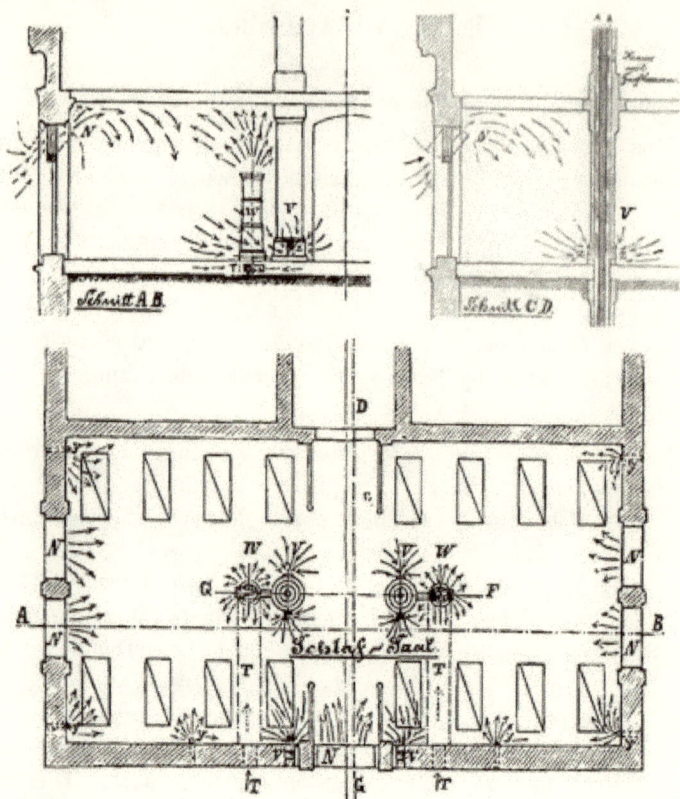

Fig. 8.

Ausser durch die beiden Oefen wird
frische Luft zugeführt durch die Röhren y
und die Fenster N. Letztere sind in ihrem
oberen Theile doppelt gehalten und öffnen
sich — s. Schnitt A B und C D — der
Art, dass die einströmende Luft zunächst
gegen die Decke geführt wird, wodurch
jeder Zug vermieden wird.

Die Blechröhren y treten in unmittel-
barer Nähe des Fussbodens durch die
Mauer ein und steigen dann senkrecht
bis zu einer Höhe von etwa 1,60 M.
empor; die Temperatur-Differenz des
oberen Theiles der Röhre gegen den
unteren bewirkt ein lebhaftes Ein-

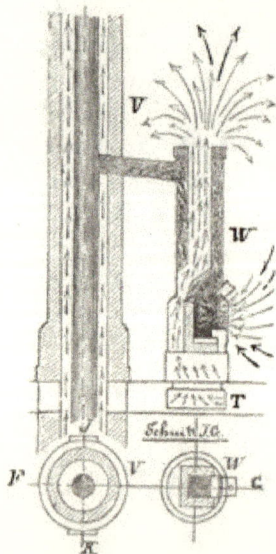

führen von frischer Luft. Selbstredend sind diese Röhren mit einem Drahtgitter gegen Staub und einer Regulirungsklappe versehen.

Die verdorbene Luft wird ferner weggeführt durch die Feuerung der Oefen, sowie durch die senkrechten Mauerkanäle *v v*, welche zu diesem Zwecke in der Nähe des Fussbodens eine Oeffnung haben; dieselben sind ferner mit einer zweiten verschliessbaren Oeffnung in der Nähe der Decke versehen, welche dazu dient, bei zu hoher Temperatur Wärme ableiten zu können.

Oefen.

Das Prinzip der Ventilations-Oefen (Gesundheits-Oefen, Calorifère hygiénique, Poêle thermo-aérien), welches wir hier in *W* und *T* ausgeführt sehen, kehrt auf der Ausstellung in den mannigfachsten Gestaltungen und Abänderungen wieder.

Eine besondere Beachtung verdienen dabei die Oefen von:

2. **Geneste & Herscher** zu Brüssel. Dieselben sind mit einer Sandfütterung versehen, welche alle belästigende strahlende Wärme thunlichst abhält. Die durch einen Kanal zugeführte frische Luft umspielt den die Feuerung enthaltenden Ofenkern und sättigt sich, durch die Ofenkrone austretend und über ein dort angebrachtes ringförmiges Wasserbecken streichend, vor dem Eintritt in den zu heizenden Raum bis zu einem für die Gesundheit erforderlichen Grade mit Wasserdämpfen. — Bei einem zweiten Systeme ist die Wasserschale am Fusse des Ofens angebracht; auch wird hier durch eine grosse Anzahl angesetzter eiserner Rippen die Heizfläche des Ofens auf das Sechsfache vergrössert und so eine wesentliche Brennmaterial-Ersparniss erzielt.

3. Einen ähnlichen Ofen mit angesetzten Rippen stellt **Gurney**, **Paris**, aus. —

Fig. 9 (s. umstehend) zeigt eine *Heizungs-* und *Ventilations-Anlage* für *Schulen, Hospitäler* und *Fabrik-Arbeitsräume* geeignet, von **Geneste & Herscher**, und bedarf es dazu keiner weiteren Erläuterung. —

4. Zur *Regelung* des *Zuflusses erwärmter Luft in zu heizenden Räumen* bietet **Wetlesen**, médicin major zu **Christiania** in Norwegen, einen neuen, von ihm erfundenen, und patentirten Apparat an, den er *Thermoventil* nennt. Derselbe gestattet den Eintritt der Luft aus Oefen resp. Heizkammern nur dann, wenn

Fig. 9.

dieselbe einen bestimmten vorgeschriebenen Wärmegrad erreicht
hat, ermöglicht somit das Einhalten einer sehr gleichmässigen
Wärme in den zu heizenden Räumen, was für viele Fälle von
hohem Werthe ist. Der Haupttheil des Apparates ist eine in
Glas eingeschlossene Quecksilbersäule, deren Steigen und Fallen
die übrigen Theile des Apparates in Bewegung setzt.

Versuch einer billigen Ventilation für Arbeiter-Wohnungen.

5. Einen Versuch zu einer *einfachen Ventilation für Arbeiter-
Wohnungen* theilt Rosen, Kopenhagen, mit. — *Fig. 10* (siehe
Seite 39).

Es wird dort durch den Kanal *A B* frische Luft in ein hinter
den Oefen befindliches, mit Regulirungsklappe versehenes Blechrohr *C* geleitet und zieht dieselbe, dort erwärmt und aufsteigend,
stets frische Luft nach sich in den Wohnraum. Die schlechte Luft
wird durch einen zwischen den beiden Rauchabzügen liegenden
Ventilations-Kanal beständig abgeführt; derselbe ist in der oberen
Hälfte für die beiden Stockwerke getheilt und über dem Dache
mit einer aus *Fig. 10, c.)* ersichtlichen Haube versehen, welche den
jedesmal herrschenden Wind zur Beförderung des Zuges in dem
Kanale nutzbar macht. Der an der Mündung der Kanäle *A B*
angebrachte Blechapparat *P* — *Fig. 10, b.)* — (in Dänemark patentirt) dient dazu, jedes Abschneiden des Luftzuges durch
Wind zu verhindern. Es wird dieses dadurch erreicht, dass die

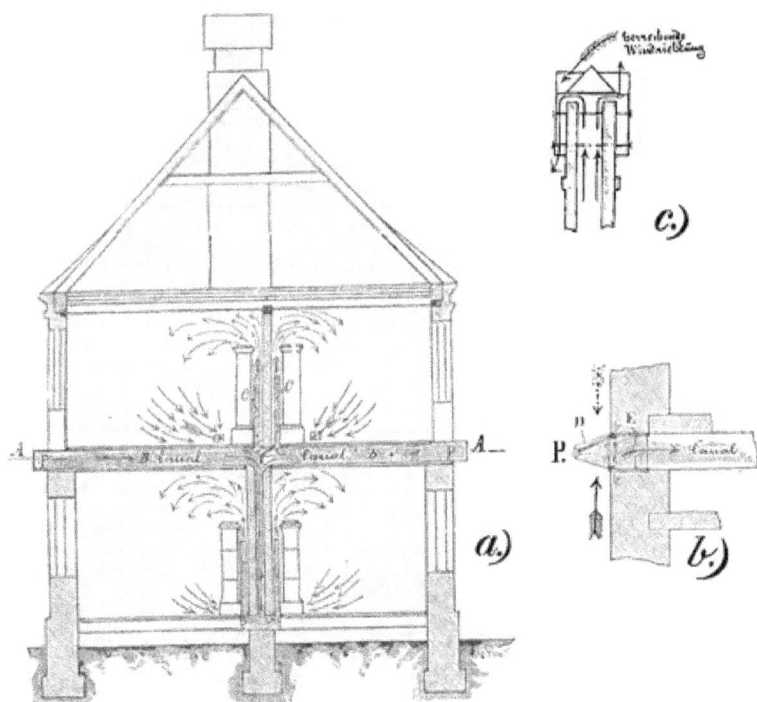

Fig. 10.

um eine senkrechte Axe leicht bewegliche Blechtafel D sich je
nach der Windrichtung seitlich anlegt, den Wind abfängt und
durch das Drahtsieb E in den Kanal $A B$ leitet. $b\,b$ sind Filz-
streifen, welche das Anschlagen der Tafel D an die Seitenwände
des Apparates unhörbar machen.

Kamin-Aufsätze.

Zur *Verstärkung* des *Zuges* in *Ventilations-* und *Rauch-Kanälen*
finden wir auf der Ausstellung zahlreiche Kamin-Aufsätze aus ge-
branntem Thon und Blech.

Die Grundeinrichtung dieser Apparate ist überall dieselbe;
alle fangen den herrschenden Luftzug auf, führen ihn in die Abzugs-
richtung der Kamingase und beschleunigen dadurch die Bewegung
derselben, und begnügen wir uns, da keine dieser einfachen Kon-
struktionen ein besonderes Interesse in Anspruch nimmt, damit,
sie angedeutet zu haben.

Einige dieser Apparate führen gleichzeitig den abgefangenen

Wind in den zu ventilirenden Raum ein, denselben auf diese Weise mit frischer Luft versehend; so unter anderen

6. der Apparat von Serta, Tirlemont, Belgien, von welchem wir in *Fig. 11* eine Skizze geben.

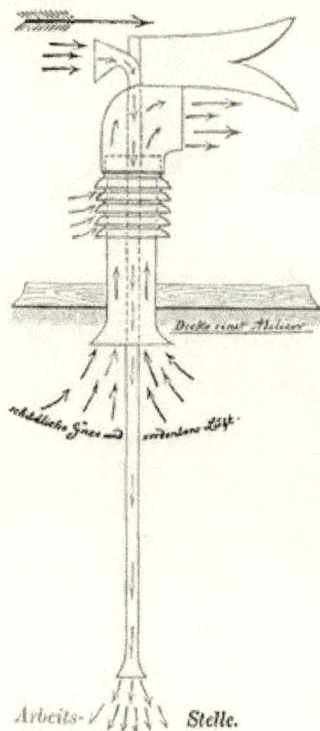

Fig. 11.

Ventilatoren.

Unter den ausgestellten *Ventilatoren (Exhaustoren)* bemerken wir ausser den bekannten und vielfach im Gebrauche befindlichen Zentrifugal-Apparaten einen Ventilator von Cambier, Brüssel, und den in Deutschland in letzter Zeit mehrfach zur Anwendung gelangten *Dampfstrahl-Ventilator* von Geb. Körting, Hannover.

7. Der Ventilator von Cambier, Brüssel (*Fig. 12*, Seite 41), [Prospekt], ist so eingerichtet, dass der leichteste Luftzug den oberen Theil *A* desselben in Umdrehung versetzt. Die Axe von *A* reicht bis in den unteren Theil *B* hinab und trägt hier einen

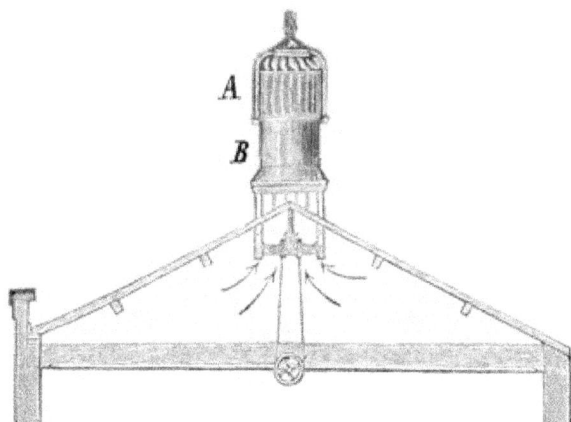

Fig. 12. (Prospekt.)

breiten Blechstreifen, der nach Art einer archimedischen Schraube gewunden· ist. Durch die äusserst schnellen Umdrehungen dieser Schraube wird eine lebhafte Aspiration der Gase eines darunter befindlichen Ventilations-Kanales erzielt. — Dieser Apparat kann auch durch eine Transmission mit sehr geringem Kraftaufwande in Wirksamkeit gesetzt werden (s. Fig. 12).

8. Von weit kräftigerer Wirkung ist der Ventilator (Exhaustor) von Körting (*Fig. 13*, S. 42), [Prospekt], und verdient derselbe alle Beachtung. Es wird hier ein Dampfstrahl von geringem Durchmesser in ein System von axial über einander angeordneten, immer grösser werdenden Düsen hineingeblasen. Der Dampfstrahl zieht die abzuziehenden Gase in die erste Düse, vermengt sich mit denselben, stösst in die nächst grössere Düse, zieht hier gleichfalls die umgebenden Gase hinein und so fort. Da dieser Exhaustor keiner Transmission und Wartung bedarf und sehr leicht überall anzubringen ist, so ist er einer grossen Anwendbarkeit fähig und empfiehlt sich ganz besonders ohne Weiteres überall da, wo man keine Betriebsmaschine hat, sondern nur Dampfkessel-Betrieb.

Heizsysteme.

Wir finden Dampfstrahl-Ventilation, gleich wie auch Zentrifugal-Ventilatoren mehrfach angewendet zur Bewegung der Luftmassen bei den grossartigeren *Heizungs-Anlagen*, welche die Ausstellung vorführt, insbesondere bei den *Warme-Luft-Heizungen* monumentaler Gebäude. Sie aspiriren dort entweder beständig

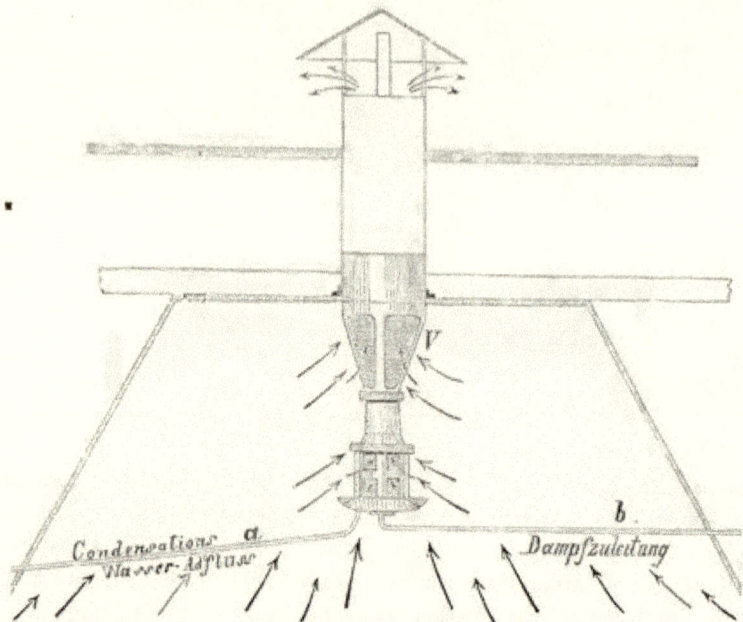

Fig. 13. (Prospekt.)

die verdorbene Luft aus den Räumen und ziehen dadurch warme
frische Luft aus den Heizkammern nach sich (Aspiration par
Appel) wie z. B. die Dampfstrahl-Ventilation des Théâtre royal
de la Monnaie zu Brüssel, oder sie treiben beständig die frische
warme Luft aus den Heizkammern in die Räume und verdrängen
dadurch die verbrauchte Luft (Aspiration par pression ou par
pulsion). Die letztere Einrichtung hat entschieden den Vorzug,
dass völlig jeder Zug vermieden wird, da hier die Luftbewegung
durch alle Thür- und Fensterritzen von innen nach aussen erfolgt.

Der alte Streit, ob Warme-Luft-, ob Warme-Wasser-Heizung,
thut sich auch hier kund. Die Pläne

9. des neuen Hospitals zu Gent in Belgien geben der Warmen-
Wasser-Heizung den Vorzug und enthalten darauf bezüglich folgendes Gesammturtheil:

Die *Heisse-Luft-Heizung* hat folgende Nachtheile:

1. sie ist nur für wenig ausgedehnte Räume recht wirksam;

2. ergiebt schlechte Luft wegen der Berührung der zugeführten Luft mit den metallischen Oberflächen der Kaloriféren, wodurch die organischen Bestandtheile derselben verbrannt werden;

3. die Luft vermengt sich sehr oft mit Rauch, weil es schwer ist, die verschiedenen Theile der Kaloriféren dicht zu halten;

4. sie enthält Feuersgefahr.

Die *Dampfheizung* hat folgende Nachtheile:

1. sie erfordert Dampfkessel, welche einen geschulten Heizer verlangen und Explosionsgefahr mit sich bringen;

2. die Dampfleitungsröhren sind schwer völlig dicht zu halten und geben bei der geringsten Undichtigkeit der Luft einen unangenehmen Geruch;

3. sie verlangt fortwährendes Feuer, um dem Dampfe dieselbe Spannung zu bewahren.

Die *Warme-Wasser-Heizung*, deren Apparate sich im Preise kaum höher stellen, als wie bei den vorgenannten Heizmethoden, gewährt folgende Vortheile:

1. man kann die Wärme auf sehr grosse Entfernungen leiten;

2. die Apparate sind nicht explosionsgefährlich;

3. die Heizung dauert noch mehrere Stunden fort, wenn man bereits aufgehört hat zu feuern;

4. die Luft in der Nähe der Apparate wird überhaupt nicht über ca. 50 Grad R. erwärmt, und kann ein Verbrennen derselben somit nicht stattfinden. —

Bei Fabrik-Anlagen, welche mit Dampf betrieben werden, ist selbstredend auf der Ausstellung durchweg der Dampfheizung aus Sparsamkeits-Rücksichten der Vorzug gegeben.

Die neueren Warme-Luft-Heizungs-Anlagen stellen in den Heizkammern fast regelmässig Behälter mit siedendem Wasser auf, welche dazu bestimmt sind, der erwärmten Luft den erforderlichen Feuchtigkeitsgrad mitzutheilen.

Bei den Ventilations-Einrichtungen zeigt sich vielfältig ein erfreuliches Bestreben, die zuzuführende frische Luft vor ihrem Eintritte in die zu versorgenden Räume erst vorher sorgfältig zu reinigen. Zu diesem Zwecke muss die äussere Luft in dem Kanale, welcher zu den Hçizkammern führt, erst eine starke Douche nehmen,

oder, wie wir auf anderen Plänen sehen, ein Vollbad, indem sie
von einem Exhaustor durch ein Wasser-Reservoir gezogen wird.

Bureau-Ventilation.

10. Einen in London von der Purified Air Ventilating
Company eingeführten *einfachen Ventilations-Apparat*, in welchem
die äussere Luft erst gewaschen wird, bevor sie in die Räume
eintritt, zeigt *Fig. 14.* [Prospekt.]

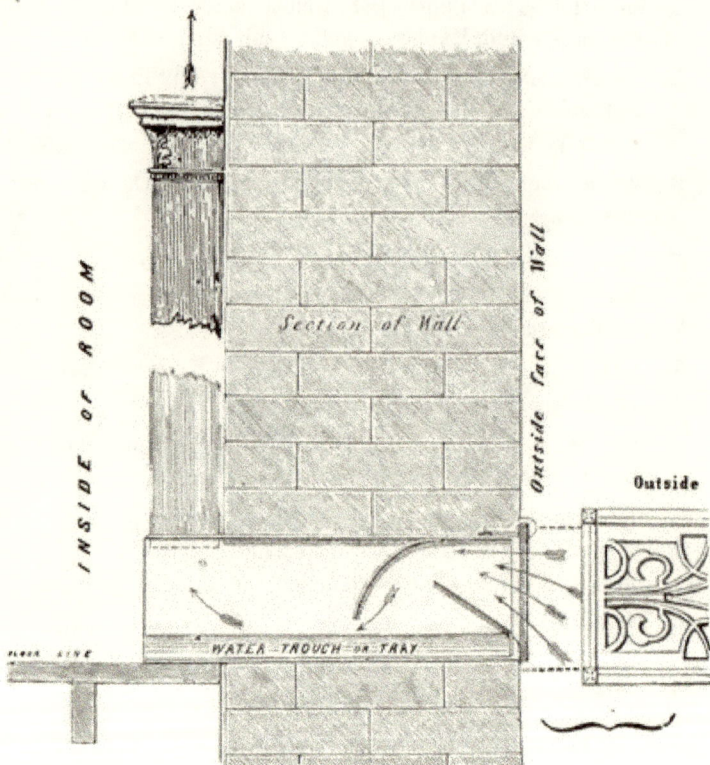

Fig. 14. (Prospekt.)

Derselbe wird ausser für Wohnräume vorzugsweise auch für
Komptoirs und Zeichenbüreaus empfohlen und dürfte sich gewiss
ganz besonders in Industrie-Orten empfehlen, deren Atmosphäre
mit Kohlenstaub erfüllt ist.

Neue Heiz-Methode von Flavitzky.

II. Endlich berichten wir zum Schlusse dieses Kapitels noch über eine von Flavitzky, Ingénieur attaché im Ministerium des Innern zu Petersburg, angegebene *neue Heiz-Methode, chauffage et ventilation par des doubles fenêtres* — Fig. 15. [Prospekt.]

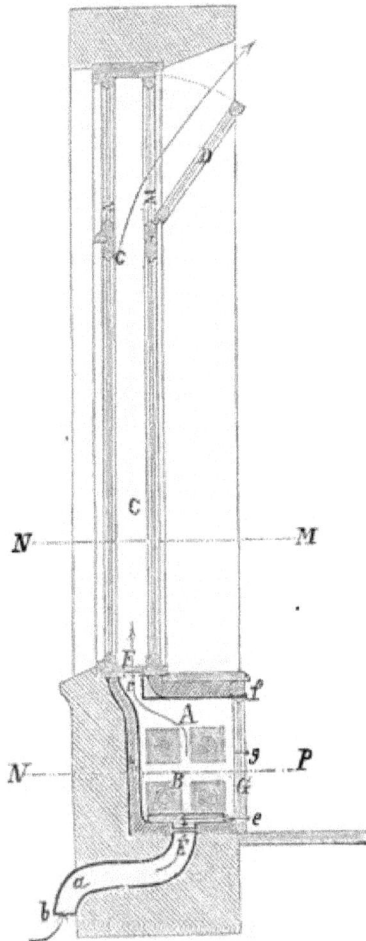

Fig. 15. (Prospekt.)

Diese Heizung ist eine Warme-Wasser- oder Dampf-Heizung. Die Rohrleitung verstärkt sich in den Fensterbrüstungen zu „batteries chauffantes," welche nunmehr den eigentlichen Heizapparat bilden. Durch den Kanal *a* wird direkt von aussen frische Luft entnommen, erwärmt und zwischen den Doppelfenstern in den zu heizenden Raum eingeführt. Die Register E und F regeln die Luftbewegung. G ist ein Koulissenregister, welches nur geöffnet wird, wenn man die Heizbatterie reinigen will. K ist ein schlechter Wärmeleiter. Die Heizung kann auch mit Gas erfolgen, für welchen Fall der Aussteller eine entsprechend veränderte Einrichtung anbietet.

Die Hauptvortheile dieser Heizung bestehen darin, dass die in das Zimmer gelangende frische Luft direkt der Atmosphäre entnommen wird, während sie für gewöhnlich erst durch einen langen Kanal zu dem Heizapparate gelangt, wodurch ihre Beschaffenheit leicht verschlechtert wird; ferner werden die Arbeitsplätze an den Fenstern — durch die Nähe der natürlichen Lichtquelle die günstigsten und doch im Winter die am meisten gemiedenen — durch Beseitigung eines jeden lästigen Zuges jetzt angenehm und verwendbar.

Die oben besprochene Heizmethode ist 1875 in dem St. Nicolas-Hospital zu Petersburg zur Anwendung gelangt. Es sind dort 28 Fenster mit Heizbatterien versehen und haben Messungen mit einem für solche Zwecke eigens von Flavitzky konstruirten und vom Ministerium des Innern empfohlenen Anemometer ergeben, dass dort jedes Fenster pro Stunde 150 bis 300 cbm. frische erwärmte Luft einführt. —

V.

Schutzmittel gegen Staub und schädliche Gase. Behandlung von Fabrik-Abwässern und -Abfällen.

Respiratoren und Schutzmasken für gewerbliche Arbeiter.

1. Wir gehen hier zunächst auf eine höchst interessante Sammlung von 22 *Respiratoren* und *Masken* für *gewerbliche Arbeiter* ein, welche Dr. Jourguélevitsch, Medizinalrath im Ministerium des Innern zu Petersburg, ausstellt. Sind diese Apparate zum Theil auch noch recht unvollkommen gearbeitet, so dass sie ohne grosse Belästigung wohl kaum getragen werden dürften, und auch viel zu theuer (1—5 Rubel das Stück), so verdient diese Ausstellung jedenfalls dennoch alle Beachtung, weil sie vielleicht die erste mit solcher Sorgfalt durchgeführte Zusammenstellung der Art ist. Wir haben 5 Haupt-Modelle zu unterscheiden, und neben jedem derselben wieder einige Abweichungen.

Modell I. *Zum Schutze der Arbeiter gegen den feinen und groben Staub in Baumwoll-, Flachs- und Seiden-Spinnereien, in Werkstätten, wo Haare und Wolle verarbeitet werden, u. dergl. m.*: — ein leichtes, vor den Mund zu bindendes Drahtgestell, überzogen mit einer doppelten Lage Crêpe und zum besseren Anschlusse mit Kautschukwulsten umgeben, anzuwenden bei Arbeiten in mässiger Temperatur; dasselbe mit einer Lage Crêpe für Arbeiter, welche in einer heissen, staubigen Atmosphäre beschäftigt werden.

Modell II. *Zum Schutze der Arbeiter gegen schweren, dicken Staub, so z. B. für Steinmetzen, Arbeiter, die Holz sägen, etc.*; auch verwendbar in Laboratorien zum Schutze gegen zerspringende Apparate bei gewissen chemischen Versuchen: — mehrere ganze Gesichtsmasken aus leichtem Drahtgeflecht, mit grossen oder kleinen Maschen.

Modell III. *Zum Schutze der Arbeiter gegen den feinen Staub in Porzellan-, Glas- und Tabak-Fabriken, sowie in Knochen- und Mahl-Mühlen:* — ein Respirator, der Nase und Mund bedeckt, bestehend aus einem, resp. zwei Metall- und einem Tüll-Gewebe; daran eine anschliessende Schutzbrille für die Augen. Derselbe mit einem dünnen Schwamme zwischen den Geweben, besonders für die Polirer und Schleifer von Metallgegenständen bestimmt.

Modell IV. *Zum Schutze gegen schädliche Dämpfe und Gase in chemischen Fabriken, Giessereien, Färbereien, Zündholz-Fabriken, für Verzinner, Probirer, Lackirer u. a.:* — bedeckt Nase und Mund, schützt die Augen durch eine anschliessende Brille und besteht aus einem groben Drahtgeflechte, worin ein grosser dichter Schwamm sich befindet, der von Zeit zu Zeit mit einer neutralisirenden Flüssigkeit zu tränken ist, wenn es sich um Arbeiten in verpestenden oder giftigen Gasen handelt; dagegen genügt ein Schwamm allein oder eine Lage Watte in einer Atmosphäre, die mit Gasen erfüllt ist, die mehr reizend, als gerade giftig sind.

Modell V. *Zum Schutze gegen faule Ausdünstungen oder Miasmen,* wenn diese Gase die Augen nicht angreifen, für *Brunnen- und Abtrittfeger, Todtengräber, für Arbeiten in Zündholz-Fabriken, Bleiarbeiter* u. a.: wie Modell IV, nur ohne Augenschutz. Dasselbe mit einem quer vor dem Munde liegenden Blechzilinder, der mit Watte gefüllt und mit Ventilen zum Athmen versehen ist.

Modell VI. *Zum Schutze gegen starke Hitze und Rauch:* — Gesichtsmaske mit Schutzbrille aus Papiermâché, weiss lackirt, für *Feuerwehrleute und Ofenarbeiter;* dieselbe in Leinwand, gefirnisst und mit Kautschuk-Kaputze für *Schornsteinfeger.*

Modell VII. *Pelzmasken, zum Schutze bei Arbeiten in grosser Kälte.*

Ein Theil dieser Respiratoren ist in industriellen Etablissements zu Petersburg erprobt worden. —

2. *Einfache* und *billige Watte-Respiratoren zum Schutze gegen schädlichen Staub* stellt Lewald, Breslau, aus, und können dieselben empfohlen werden.

3. Beachtenswerth für den *Gebrauch* in *chemischen Fabriken* und *Laboratorien* sind ferner die *Respiratoren* von Loeb & Strasser zu Berlin.

Ein auf der Ausstellung damit angestellter Versuch ergab, dass

ein mit diesem Respirator bewaffneter Arbeiter ohne die geringsten
Beschwerden längere Zeit in den dichtesten Schwefeldämpfen sich
aufhalten kann.

Das Prinzip derselben ist: Durchsaugen der schlechten Luft
durch absorbirende Stoffe, so dass sie gereinigt in die Lungen
gelangt.

Die zahlreich ausgestellten Respiratoren zum Schutze gegen
Rauch, für Feuerwehrmänner, sowie die gleichfalls zahlreich vertretenen Sicherheitslampen zum Gebrauch für Bergleute in gefähr-
lichen Gasen übergehen wir, als unseren Zwecken zu fern liegend.

**Verschiedene Schutzmassregeln gegen Staub, schädliche Gase
und giftige Stoffe.**

4. Eine Wandtafel von Royer, La Ferté-sous-Jouarre,
Frankreich, zeigt eine Vorkehrung beim *Schärfen von Mühlsteinen,
wobei jede Belästigung durch Staub beseitigt wird.* Der Mühlstein
wird dabei so gestellt, dass seine Axe wagerecht liegt, und fest
gelagert. Der mit einem Diamant versehene Schärfapparat ist mit
einer Blechhaube umgeben, von welcher ein Schlauch in einen geschlossenen Wasserkasten führt. Von dem über dem Wasser des
Kastens befindlichen Lufttraume führt ein Rohr zu einem kleinen
Exhaustor. Schärfapparat und Exhaustor werden gleichzeitig mit
der Transmission der Anlage in Verbindung gesetzt, und wird so
bei jeder Lage des auf der Steinfläche sich hin und her bewegen-
den Schärfers der erzeugte, den Lungen äusserst verderbliche Staub
von dem Exhaustor weggerissen und in dem Wasser des zwischen
beiden Apparaten eingeschalteten Kastens niedergeschlagen.

5. Ueber die *Einrichtung einer Metall-Schleifstube mit 8 Schleif-
stellen und auf jeder Stelle wirkendem Exhaustor* (ausgeführt von
der Maschinen-Fabrik **Kieserling & Albrecht** in Solingen),
sowie betreffs Orientirung über eine *Exhaustor-Ventilation für
mechanische Webereien* (ausgeführt in der mechanischen Weberei
von Schoenstedt & Ciè zu Duisburg), verweisen wir auf die
bereits oben angezogene, von dem Medizinalrathe Dr. Beyer zu
Düsseldorf ausgestellte Arbeit: „*Die Fabrik-Industrie des Re-
gierungs-Bezirkes Düsseldorf*"; auch wird man dort über die Be-
handlung von Abfallstoffen und Abflusswässern gewerblicher Anlagen
schätzenswerthe Notizen vorfinden.

6. In der *Ventilation von Seidenspinnereien, Hanf-Bearbeitungs-
Fabriken u. a.* hat der Ingenieur Dr. Leon Romanin-Jagur,

Padua, Italien, seit 1874 grosse Erfolge aufzuweisen, welche ihm von der Universität Padua, sowie von einer Anzahl sehr bedeutender Fabriken bescheinigt werden. Ueber die Anwendung seiner Exhaustor-Apparate, welche durch Patent geschützt sind, erbietet er sich, auf besondere Anfrage Eröffnungen zu machen, und theilt nur so viel mit, dass sein Prinzip bei jeder Fabrik-Ventilation das sei: den Staub, bezw. die gesundheitsschädlichen Dämpfe, stets schon in dem Augenblicke ihrer Enstehung und an dem Orte, wo sie sich bilden, zu beseitigen und an Stelle der entfernten verderblichen Luft reine und genügend erwärmte zuzuführen.

Als ein Hauptvorzug seines Systems wird die geringe Betriebskraft, welche die Exhaustoren erfordern, hervorgehoben, sowie auch die grosse Gleichmässigkeit der erzielten Temperatur. So ist u. m. a. der gegen 3000 cbm. haltende Spinnsaal der Seidenspinnerei Vertua zu Soresina, in welchem 160 Arbeiter beschäftigt werden, von den Ausdünstungen seiner 120 Bassins durch 2 seiner Exhaustoren befreit worden, welche nicht mehr als 3 Pferdestärken an Betriebskraft wegnehmen.

7. Einen sehr einfachen und leicht auszubessernden, patentirten *Exhaustor für Flachsbrechsäle* (Preis 200 Fr.) stellt Lagae-Crombet, Courtrai, Belgien, aus. Der Apparat besteht in der Hauptsache aus einem viereckigen Kasten, welcher durch eine senkrechte Wand in zwei Abtheilungen zerfällt. In jeder dieser Abtheilungen — welche für je eine Arbeitsstelle bestimmt sind — sitzt auf gemeinsamer Transmissionswelle ein Flügelrad mit 5 Blechflügeln von je 40 à 15 cm. Flächen-Dimension. Der aufgesogene Staub wird durch einen Kanal in eine über dem Dache des Saales befindliche Staubkammer geschleudert, wo sich die mitgerissenen Fasern ablagern und wiedergewonnen werden, der feinere Staub aber durch dicht vergitterte Oeffnungen in's Freie entweicht.

8. Die *Methode der Flachsbearbeitung* von Lefébure, Brüssel, rue du Chêne, erleichtert das Flachsbrechen ausserordentlich und macht es weit weniger gesundheitsschädlich; auch fällt hier das so belästigende und — wenn nicht die sorgfältigste Beobachtung stattfindet — unsichere Ergebnisse liefernde Rösten ganz weg. Lefébure bringt den Flachs unmittelbar nach der Ernte oder zu einer beliebigen passenden Zeit im Winter ohne weitere Vorbereitung in eine von ihm eigens zu diesem Zwecke gebaute Maschine, wo er zwischen gerippten Walzen in wenigen Sekunden fast gänzlich von seinen Stroh-Bestandtheilen befreit wird; sodann

kommt der Flachs auf 2—5 Stunden in ein alkalisches Bad zur
Lösung der gummiartigen Materien, welche die einzelnen Fasern
zusammenhalten, wird getrocknet und gebrochen, wobei letztere
Arbeit nur noch sehr geringe Mühe verursacht.

Das auf diese Weise in wenigen Tagen gewonnene Erzeugniss
hat bereits auf mehreren Ausstellungen Anerkennungen erhalten; ein
beachtenswerther Erfolg.

9. Der k. k. Bergrath A. Patera zu Wien stellt das *Modell*
eines *Quecksilber-Ofens* aus, welcher so eingerichtet ist, dass die
Arbeiter vor verderblichen Dämpfen gänzlich geschützt sind. Der
Ofen zeigt gewöhnliche Rost-Feuerung. Feuerung und Feuergase
umspielen eine Muffel, welche das gemahlene Erz aufzunehmen
bestimmt ist und in ein Hauptkondensationsrohr ausläuft. Diesem
schliesst sich ein System von Kondensationsröhren geringeren Quer-
schnittes an, welches im Zickzack in einer und derselben Vertikal-
Ebene auf- und niedersteigt und auf den Feuerheerd ausmündet.
Die unteren Ecken dieser Zickzackröhre sind offen und stehen in
eisernen, mit Wasser gefüllten Behältern *PP*. Bei mässigem An-
feuern bis auf 4—500° entwickeln sich in der Muffel die Quecksilber-Dämpfe, verdichten sich in den Kondensationsröhren, und es
sammelt sich das Quecksilber (unter Wasserabschluss) in den Behältern *PP*. Die für das Röst-Verfahren nothwendige Luft wird
durch runde Oeffnungen zugeführt, welche in der Arbeitsthür der
Muffel angebracht und mit Regulir-Schiebern versehen sind. Zu
dem gleichen Zwecke dient ein Ventil, welches auf dem Haupt-
Kondensator angebracht ist. Die zugeführte Luft passirt die
Kondensatoren und gelangt auf den Feuerheerd. Der Ofen ist
von Backsteinen und Eisen dauerhaft zusammengefügt; die Kondensationsröhren lassen sich leicht verlängern, wenn es sich als
nothwendig erweist. Quecksilber-Dämpfe können in den Arbeitsraum nicht entweichen und nur eine geringe Menge derselben
dürfte durch den Kamin in's Freie gelangen. —

10. Das russische Kriegsministerium stellt auf grossen
Wandzeichnungen die *Ventilirung eines Versuchs-Schiessstandes*
durch Aspiration der Pulvergase vermittelst des Koerting'schen
Dampfstrahl-Ventilators aus; sowie ferner die *Ventilations-Einrichtungen der Lackir-Werkstätte der Patronen-Fabrik* zu Petersburg. Dieser letzteren Werkstätte wird durch Kanäle beständig
frische — im Winter vorgewärmte — Luft zugeführt; auch sind an der
Decke eine Anzahl senkrechter Abzugsröhren aus Eisenblech an-

4*

gebracht, in welchen durch darunter gestellte Gasbrenner beständig
ein lebhafter Zug unterhalten wird; ferner zu beiden Seiten der
Arbeitstische eine Anzahl vertikaler Röhren, deren Mündungen
sich in der Höhe der Tischplatte öffnen, und welche sämmtlich zu
einem gemeinsamen Hauptrohre sich vereinigen, das unter dem
Fussboden hin zu einem Exhaustor geführt ist. Tische und Röhren
sind mit einer hohen Einfassung aus Holz umgeben, deren Seitenwände mit Glasscheiben versehen sind, die bei der Arbeit nach
Bedürfniss auf- und abgeschoben und festgestellt werden können.
Auf diese Weise wird ein Verbreiten der Lackdämpfe in dem
Arbeitsraume thunlichst verhütet.

11. *Ein Verfahren zur Fabrikation von Lack ohne Feuersgefahr
und ohne dass die Arbeiter dabei durch Dämpfe belästigt werden,*
theilt Corduant, Ixelles in Belgien, mit (s. *Fig. 16*, Seite 53).

Es ist dort *A* eine kupferne, mit Eisenblech umhüllte Retorte,
welche das Harz aufnimmt und durch den Helm *B* mit der
Kühlschlange *C* in Verbindung steht. Der Feuerheerd *H* besteht
aus einem kleinen Wagen mit Rost und Aschenfall, welcher
vermittelst der Stange *t* durch *O* ein- und ausgeführt werden
kann. Durch den Schieber *J* wird der Luftzutritt zu der
Feuerung geregelt. *N* ist ein Kasten mit doppelten Wänden und
dient zum Vorwärmen von Leinöl. Durch *F* wird das Leinöl und
im weiteren Verlaufe des Fabrikations-Prozesses Terpentin dem
Harze zugegeben. *E* ist eine Oeffnung, durch die vermittelst
eines Eisenstabes die Schmelze des Harzes beobachtet werden
kann. Die bei dem Prozesse sich bildenden Dämpfe schlagen sich,
so weit sie zu verdichten sind, in *G* und *H* nieder; der Rest wird
durch das Rohr *n n* unter die Feuerung geführt und verbrannt.

12. Ein *neues System der Fabrikation von Schwefelsäure,
mit Vorrichtung zur völligen Absorption der aus den Bleikammern
entweichenden schädlichen Gase,* stellt Hemptinne, quai de Wille-
broeck, Brüssel, aus. Es sind hier die Schwefel-Röstöfen um
einen Thurm gruppirt, in welchem sich der Staub der Rösterze
niederschlägt, und die aufsteigende Wärme nutzbar gemacht
wird, um in einem Systeme von senkrecht gestellten Bleiröhren
die Kammersäure bis auf 61^0 Baumé zu konzentriren. Die Zirku-
lation der Schwefelsäure in diesen Röhren geht ähnlich vor sich,
wie die des Wassers in den Field'schen Dampfkesseln. Aus
diesem Thurme gelangt die gasförmige schweflige Säure in die

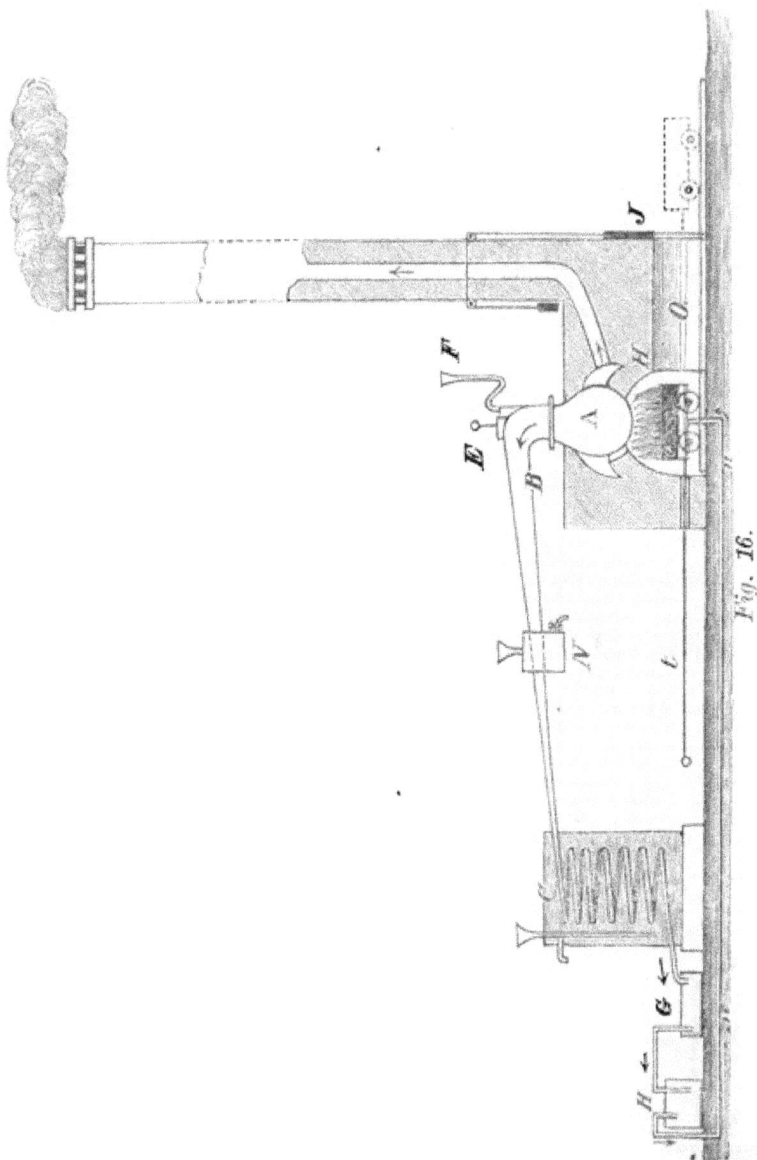

Fig. 16.

Kammern, welche in ihrem ganzen Raume mit kleinen vielfach durchlöcherten Sandsteintöpfen gefüllt sind und so eine sehr grosse Oberfläche bieten, auf welcher unter dem Zutritte der von oben regenartig zugeführten Schwefelsäure, sowie von salpetriger Säure,

die Bildung der Kammersäure schnell eintritt. Die Hebung der
Kammersäure zum Konzentrations-Apparate erfolgt durch einen
Giffard'schen Injektor, wobei gleichzeitig Kammergase mit vermengt werden. Zur Konzentrirung der Schwefelsäure bis zu
66° Baumé werden überhitzte Dämpfe angewendet. Wir begnügen
uns mit diesen Andeutungen, indem wir im Uebrigen auf einen
Aufsatz des Erfinders dieses Systems im „Bulletin du Musée de
l'Industrie de Belgique," 4. Heft 1875, verweisen, wo derselbe
Gegenstand ausführlicher behandelt wird.

13. Die *Einrichtungen der chemischen Fabrik* von James
Gibbs & Cie zu London, welche in einem Modelle ausgestellt
sind, zeigen eine sorgsame Fürsorge der Besitzer für das Wohl
ihrer Arbeiter. Wir heben daraus besonders hervor, dass das
Mischen der Chemikalien zur Bereitung von künstlichem Dünger,
wobei ganz besonders Gefährdung der Arbeiter durch giftige Gase
einzutreten pflegt — hier in einem versenkten, oben offenen, horizontalen Zilinder durch eine Schnecke geschieht, wobei durch einen
kräftigen Exhaustor die bei der Vereinigung der verschiedenen
Elemente sich bildenden Gase in einen Kondensationsthurm weg-
gesogen werden. Der Arbeiter ist somit oberhalb des Mischzilinders
stets von einem Strome frischer Luft umgeben und kann ohne
Gefahr den Gang der Mischung beobachten.

14. W. Leyendecker, Fabrikant von Bleierzeugnissen zu
Köln, legt in einer „Abhandlung über die nachhaltige Einwirkung von Blei auf die Gesundheit der in Bleifarben-
Fabriken beschäftigten Arbeiter und über die wirksamsten
Mittel, diesem Uebelstande zu begegnen." (Buchhandlung
du Mont-Schauberg, Köln), die Ergebnisse langjähriger Erfahrungen
und Studien auf diesem Gebiete vor. Es wird darin ein Ueberblick
über die Bleifarben-Fabriken von Leyendecker & Cie zu Köln und
Ehrenfeld bei Köln, in welchen ca. 400 Arbeiter beschäftigt werden,
gegeben, sowie auch die Schutzmassregeln eingehend mitgetheilt,
die dort zur Anwendung gelangen; wir empfehlen die Kenntniss-
nahme dieser Notizen allen Interessenten auf das Beste. Die
kleine Schrift ist von echt humanem Geiste durchweht, und
wünschen wir den darin kundgegebenen Gesinnungen die weiteste
Nachachtung in allen industriellen Kreisen.

Kondensation schädlicher Feuergase, Abdampfung und Nutzbarmachung von Abflusswässern und Abfällen.

. 15. Wérotte, rue du Faubourg St. Laurent, Liége, stellt einen *Apparat zum Kondensiren von Feuergasen*, resp. *zum Abdampfen von Abflusswässern* aus, der im Prinzipe zwar nichts Neues bietet, indessen hier doch erwähnt sein mag, da vielen Fabriken eine solche oder auch bessere Vorrichtung sehr Noth thäte.

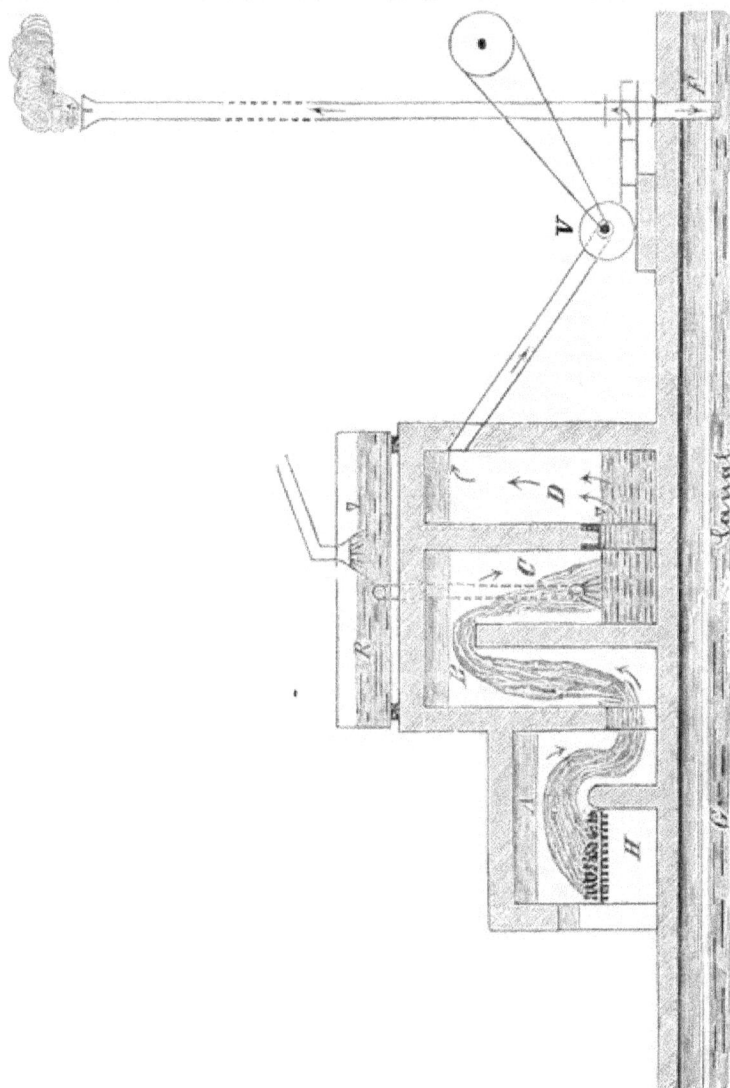

Fig. 17.

Fig. 17 wird die getroffene Einrichtung leicht erkennen lassen. Durch die Luftverdünnung, welche der Exhaustor *V* in der „Verdunstungskammer" *D* hervorbringt, werden die von dem Feuerheerde *H* ihren Ausgang nehmenden Rauchgase oder verderblichen Feuergase (z. B. von Zinköfen, Bleiöfen u. a.), durch das den Boden von *C* und *D* bedeckende Wasser gezogen, dabei bedeutend abgekühlt, gereinigt und zum Theil wohl auch ganz unschädlich gemacht. Das in *C, D* durch die heissen Gase verdunstete Wasser wird durch Zufluss aus dem Wasserbehälter *R* immer wieder von Neuem ersetzt. Die von dem Exhaustor mitgerissenen Wasserdünste verdichten sich und gelangen durch *F* in den Fabrik-Kanal *G*.

Handelt es sich um die Verdunstung schädlicher Abflusswässer und um Ausscheidung resp. Gewinnung darin suspendirter Stoffe (z. B. in Zuckerfabriken, Wäschereien u. a.), so wird der Wasserbehälter *R* mit diesen Abwässern gefüllt und *C* und *D* daraus gespeist. Die Wärmequelle *H* muss dann unter Umständen eine künstlich erzeugte sein, wenn man nicht die abziehenden Gase einer vorhandenen Feuerung nutzbar machen kann.

16. *Einen Spezial-Beitrag zu der Effluvien-Frage* liefert ferner Dr. Cohen, inspecteur médical zu Groningen in Holland. Seine Mittheilungen beziehen sich auf 13 Stärkemehl-Fabriken, welche ihre Abflusswässer in den Kanal von Winschoterdiep ablassen. Durch oft wiederholte Versuche ist von ihm erwiesen worden, dass es lediglich das in diesen Abflusswässern enthaltene Albumin ist, welches den Kanal verunreinigt, und dass dasselbe leicht zu gewinnen und nutzbar zu machen ist. Zu diesem Zwecke erhitzt er die Abwässer durch Dampf oder Feuergase bis auf 75 Grad, bei welcher Temperatur das Albumin in unlöslichen Flocken gefällt wird, und filtrirt dasselbe durch Filtersäcke ab. Durch dieses Verfahren werden die Abflusswässer völlig klar und unschädlich gemacht; das gewonnene Albumin aber ist verwerthbar als Viehfutter, als Düngmittel, sowie zur Herstellung mehrerer chemischer Erzeugnisse.

17. *Ueber die Nutzbarmachung der Abfälle im Abdeckerei-Betriebe* giebt der Pächter des Berliner fiskalischen Abdeckerei-wesens, königlicher Kommissionsrath Vilter. Mittheilungen in einer für die Ausstellung verfassten kleinen Brochüre, welcher einige Zeichnungen der Berliner Abdeckerei-Anlage beiliegen.

Danach werden dort alle thierischen Stoffe, welche im Stande wären, Miasmen zu erzeugen oder zu verbreiten, sowie diejenigen seuchenkranken Thierkadaver, welche Ansteckungsstoffe erzeugen könnten, mehrere Stunden einer Temperatur von 130° C. ausgesetzt und ferner noch mit Schwefelsäure imprägnirt; die Spülwässer aber durch die bekannte Süwern'sche Masse desinfizirt und unschädlich gemacht. Auf diese Weise werden nicht nur alle Ansteckungsstoffe sicher zerstört, sondern es wird auch das gesammte Material brauchbar für Zwecke der Industrie und Landwirthschaft. Es werden dort durch den Betrieb erzielt:

1. Die Häute aller Hausthierarten;
2. Rosshaare;
3. Fettpräparate: als Maschinenöl, Kuochenöl etc.;
4. Knochenleim für Appreturzwecke;
5. Aufgeschlossenes stickstoffreiches Knochenmehl.

18. *Einen Apparat zur Gewinnung von Leuchtgas aus Abfällen aller Art, insbesondere aus Fäkalstoffen*, auf dem Wege der trockenen Destillation, bietet O. Sindermann in Breslau an.

Das dadurch gewonnene Leuchtgas soll angeblich die doppelte Leuchtkraft des aus Steinkohlen gewonnenen Gases besitzen, und 1 Pfd. Fäkalstoff „1½—2 cbf. Leuchtgas, 2 Loth Koaks, 2 Loth Theer, 2 Loth Fett und 6 Loth Ammoniakwasser" ergeben. —

Ueber Desinfektion und Trocknung von Fäkalmassen finden sich mehrfach Angaben, sowie Ausstellungen der gewonneuen Fäkalsteine und Düngpulver; doch sind die zur Anwendung gelangenden Systeme genugsam in den verschiedensten Zeitschriften abgehandelt worden, so dass wir nicht weiter darauf eingehen.

Abort-Anlagen.

19. Der *Comburateur hygiénique* des Dr. J. Felix, konstruirt von Moulin, mécanicien zu Brüssel, ist insbesondere bestimmt zur *Verbrennung der Gase von Abort-Gruben und Abzugs-Kanälen*, und besteht aus einem Blechzilinder, in welchem durch einen Gasbrenner die den Kanälen entsteigenden Miasmen in einer besonders dazu eingerichteten Muffel verbrannt werden. Der Apparat ist wegen seiner Form überall leicht anzubringen, so z. B. in dem Inneren von Strassenlaternen, sowie auch in den Ventilations-Kanälen von Laboratorien und Werkstätten.

20. *Einen einfachen und sehr zweckentsprechenden Abschluss für Abfall-Kanäle, „Intercepter"* genannt, stellen Stiff & Sons, London, aus (s. *Fig. 18*, Prospekt).

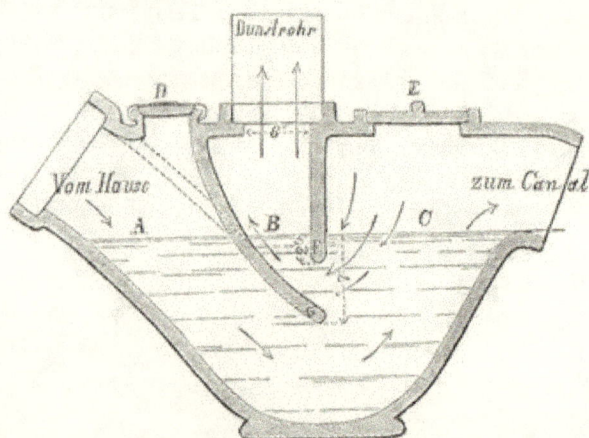

Fig. 18.

Derselbe unterscheidet sich von den vielen ähnlichen ausgestellten Apparaten vortheilhaft dadurch, dass zwei mittlere Scheidewände *F* und *G* angeordnet sind, welche in Folge ihrer besonderen, aus dem Prospekte ersichtlichen Stellung zu einander jedes Eindringen von Gasen aus dem Kanale in die Räume des betreffenden Gebäudes unmöglich machen, indem sie bei starkem Gasdrucke in *C* die Gase stets in die Kammer *B* überführen, von wo dieselben durch ein Ventilationsrohr abgeleitet werden.

Endlich theilen wir hier noch die *Ventilation zweier Fabrik-Aborte* mit:

21. *Fig. 19* stellt die *Abort-Anlage* der grossartigen Baumwoll-Spinnerei zu Réoutova bei Moskau, welche über 2000 Arbeiter beschäftigt, dar. Die Abort-Anlage befindet sich in einem Anbaue und ist von jedem Stockwerke des Fabrik-Gebäudes zugänglich. Ein Vorraum, der nach der Retirade durch eine einfache Thür, nach den Fabrik-Sälen hin durch Doppelthüren verschliessbar ist, vermittelt den Uebergang. Die in den Fabrik-Sälen aller Stockwerke verbrauchte Luft wird durch Zentrifugal-Ventilatoren in die Abort-Anlage hineingetrieben, strömt dort in das Fallrohr *P* und entweicht durch den Ventilationsthurm *T* in's Freie. Vermehrt wird der Zug in *T* durch ein eingeführtes Dampfrohr.

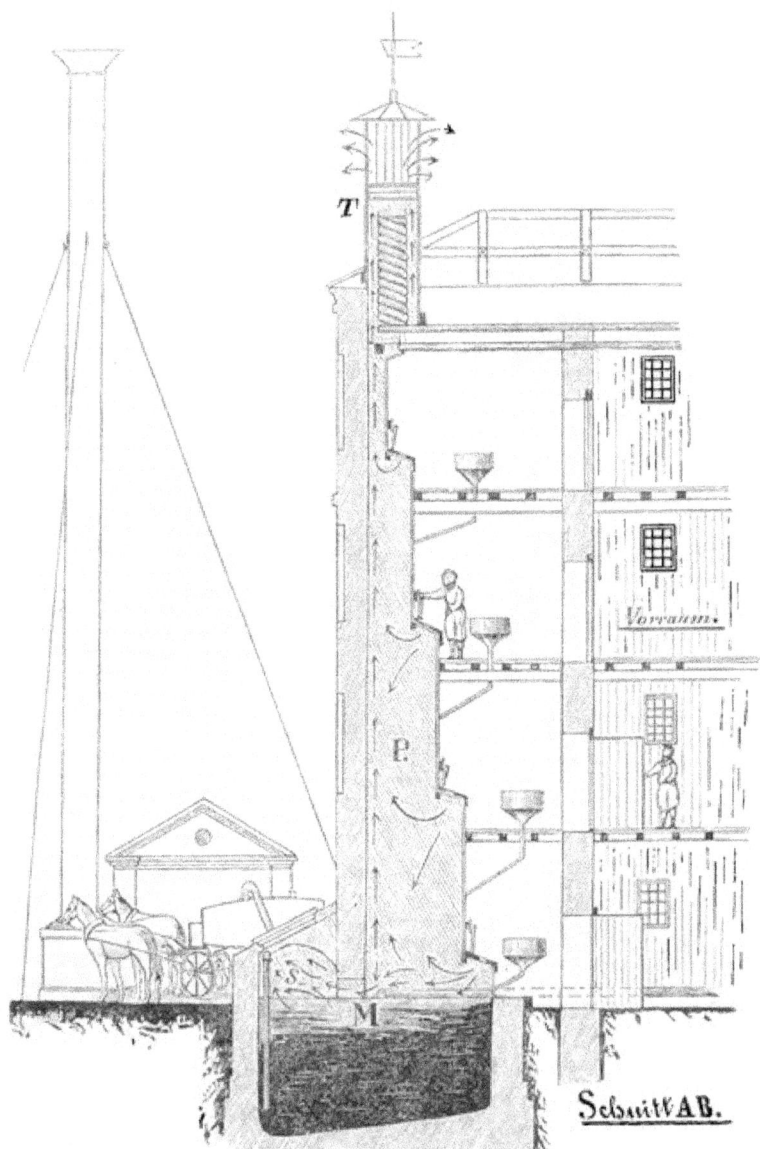

Fig. 19.
(Grundriss umstehend.)

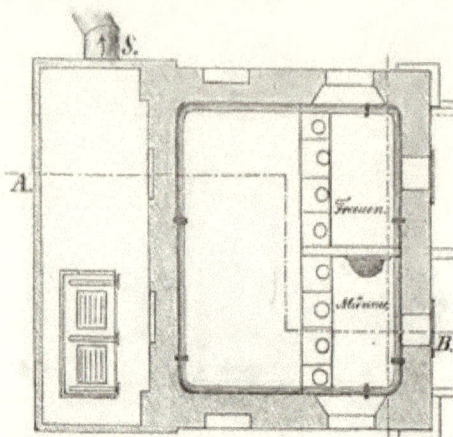

Fig. 19.

welches die Luft stark erwärmt und ein lebhafteres Aufsteigen derselben bewirkt. Die der Grube M entsteigenden Gase werden durch das weite Rohr S unter die Feuerung eines Dampfkessels geführt und verbrannt. Die Sitze der Aborte sind sehr praktisch „schräge" gehalten, so dass es unmöglich wird, darauf zu stehen; die Deckel derselben fallen durch ihr eigenes Gewicht von selbst wieder zu.

22. Weniger kompendiös ist die *Abort-Anlage* der Spinnerei und Weberei zu Kraehnholm bei Narwa (gegen 4000 Arbeiter) eingerichtet (s. *Fig. 20*, Seite 61).

Die Ventilation wird hier durch einen Exhaustor V ausgeführt, der die Ausdünstungen des Fallrohrs und der Fallgrube durch einen getrennten Abzugs-Kanal über das Dach der Fabrik und in's Freie treibt. —

Von ausgestellter Literatur sind hier zu nennen:

„die sanitären Verhältnisse und Berufs-Krankheiten der Arbeiter bei den k. k. österreichischen Berg-, Hütten- und Salinen-Werken" von Joh. Hammerschmied (Wien, Verlag von Carl Gerold Sohn);

Veröffentlichungen über Arbeiter-Krankheiten von Professor Poleck, Breslau, und Berg-Assessor Hiltrop, Dortmund;

Handbuch der Gewerbe-Hygiène von Dr. H. Eulenberg (Berlin 1876, Verlag von Aug. Hirschwald). —

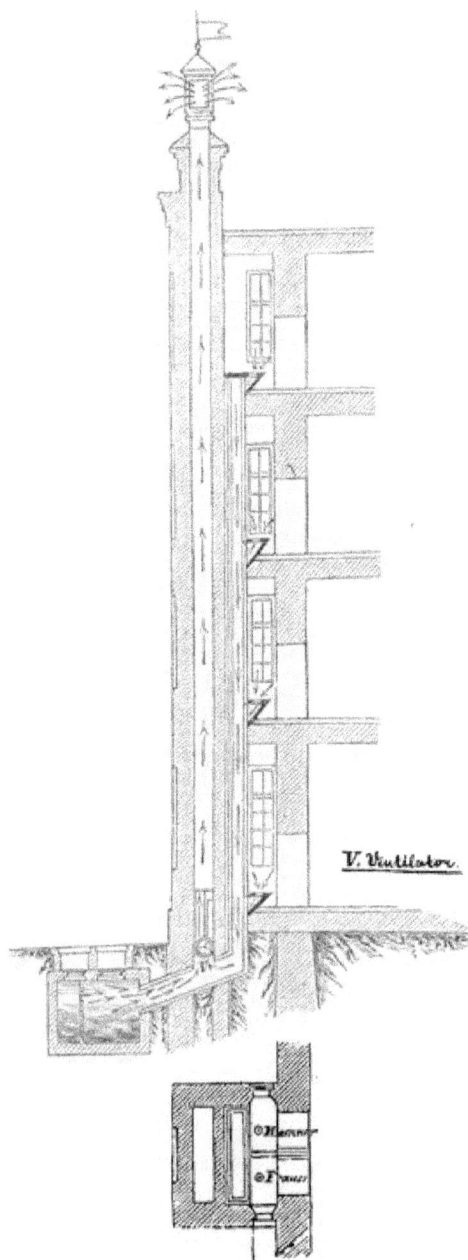

V. Ventilator.

Fig. 20.

VI.

Schutzvorrichtungen im maschinellen Betriebe.

Sicherungen für Fahrstühle.

Eine ganz besondere Berücksichtigung haben auf der Ausstellung die *Fahrstühle* gefunden. Zahlreiche Modelle und Zeichnungen bieten Hemmvorrichtungen für dieselben, welche selbstthätig in Kraft treten, sobald das Zugseil reisst oder die Aufzugs-Maschine ein Unfall trifft. Indem wir die komplizirteren und kostspieligeren Einrichtungen, welche ausschliesslich nur für den Bergwerks-Betrieb sich eignen, übergehen, theilen wir einige Systeme mit, welche für Aufzüge und Fahrstühle in Fabriken verwendbar sind.

1. Bei dem *Fahrstuhle* von Nyst, Liége, werden, sobald

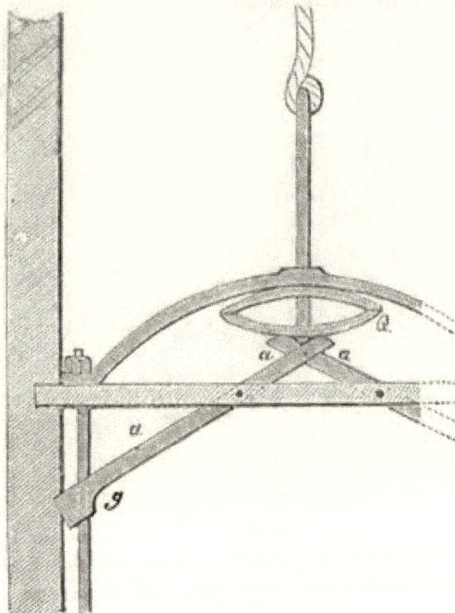

Fig. 21.

das Zugseil reisst, die Arme a durch Ausschnellen der Feder Q
eingesetzt. Die Gabel g der Arme hat hier zwei starke Backen
mit Keilflächen, welche, an die Seitenflächen der Führungsbäume
gedrückt, durch Reibung den Fahrstuhl feststellen und bei regu-
lärem Gange als Führung dienen.

2. Aeusserst kräftig setzt beim Zerreissen des Zugseiles die
Sicherung des *Fahrstuhles* von Fontaine, Anzin, Frankreich, ein
(Fig. 22), bei welchem zwei Spiralfedern Q und q in leicht er-
sichtlicher Weise thätig sind.

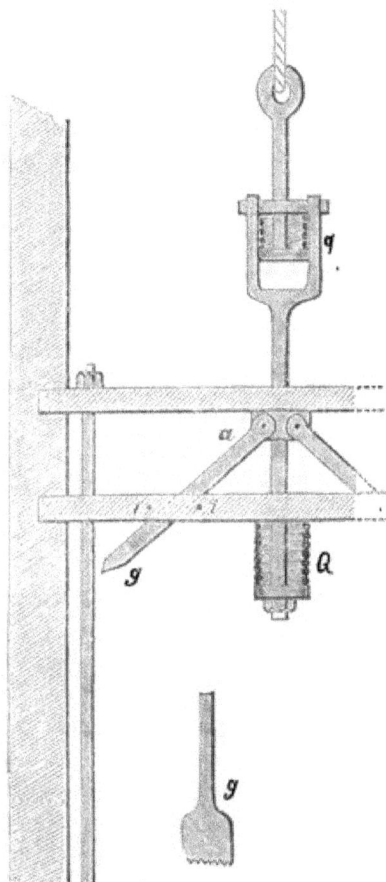

Fig. 22.

3. Bei der *Fahrstuhl-Sicherung* von Burmeister, Kopenhagen (siehe Skizze umstehend), sind die Führungsbäume mit

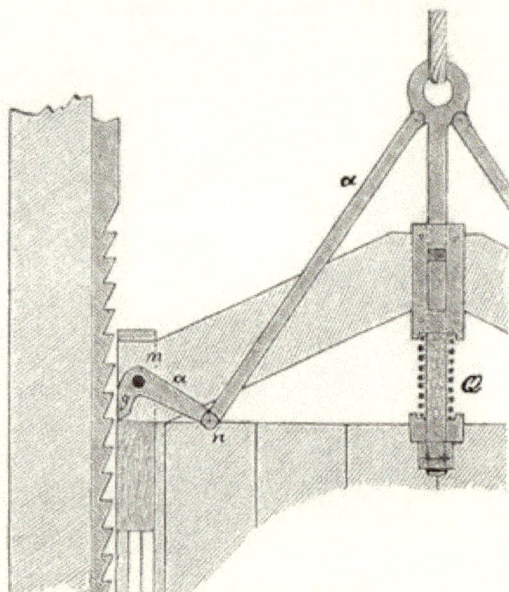

Fig. 23.

gezahnten Eisenstangen versehen, die Stützarme a bestehen aus zwei durch ein Gelenk n verbundenen Theilen, von denen der kürzere um den festen Bolzen m drehbar ist. Bei einem Unfalle schnellt die Spiralfeder Q aus, und die Stützarme setzen mit der Nase g in die Zahnstangen ein.

4. Die *Fahrstuhl - Sicherung* von Jon. Pickering, Globe Works, Stockton-on-Tees, England (siehe *Fig. 24*, Seite 65).

Die Arme a greifen hier mit der Gabel g unter die Nasen b der Keile P, welche zu beiden Seiten der Führungsbäume angebracht sind. An dem horizontalen Querholze i des Fahrstuhles sind 2 eiserne Knaggen befestigt, welche gleichfalls mit einer Keilfläche versehen sind; n ist durchlocht und umfasst lose die Führungsstange l, welche die beiden Nasen c und d des Keiles P verbindet. Ist der Gang des Fahrstuhles normal. so liegen die Keile P mit ihren Nasen b fest auf den Gabeln g der Arme a auf; dabei sind die Federn Q niedergedrückt und gespannt, und die Keilflächen von n und P stehen sich mit Abstand gegenüber. Sobald aber das Zugseil reisst, schnellen die Federn in die Höhe, heben die Gabeln g und damit die Keile P, die Keilflächen von P

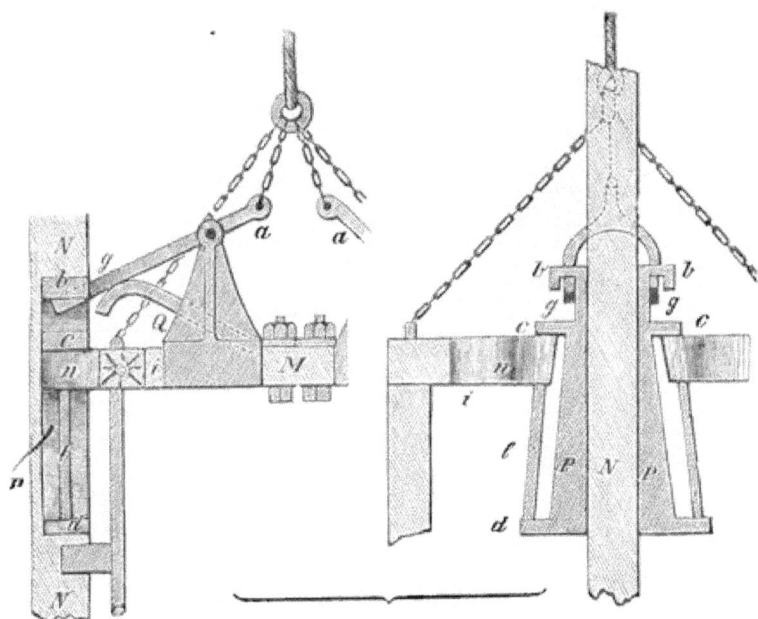

Fig. 24.

und *n* schieben sich fest auf einander; dadurch werden die Keile
P fest gegen die Führungsbäume gepresst und der Fahrstuhl fast
augenblicklich festgestellt.

5. Die *Fahrstuhl-Sicherung* von Dorney, Fenchurch Street,
London (Patent H. A. Davis) hat den grossen Vorzug, dass
Federn, — welche mit der Zeit leicht rosten und versagen können
und jedenfalls einer besonderen Beobachtung bedürfen, — nur
eine ganz untergeordnete Rolle dabei spielen (s. *Fig. 25*, Seite 66).
Es sind hier an dem Fahrstuhle zwei Keilstücke n^1, n^2
befestigt. Ihnen stehen mit Abstand gegenüber die Nagel-Keile
P^1 und P^2, von denen der letztere an einer Schnur hängt, die
über die Rollen r^2 und r^1 geführt und in *A* an die den Keil P^1
haltende zweite Schnur angeknüpft ist. Von *A* läuft die Schnur
über die Rolle *R* und trägt an ihrem anderen Ende das Gegen-
gewicht *Q*, durch welches die beiden Keile P^1 und P^2 in der
Schwebe gehalten werden. In den Keilen P^1 und P^2 sitzt in loser
Führung ein zugespitzter Bolzen *s* mit starkem Kopfe, der durch
eine kleine Spiralfeder so gehalten wird, dass sein Kopf noch aus
der Keilfläche heraustritt und seine dem Führungsbaume zuge-

wandte Spitze sich noch in dem Keile befindet. Sowie der Fahrstuhl regelrecht steigt oder hinabgeht, sinkt resp. steigt auch stets
entsprechend das Gewicht Q und behalten die Keilflächen von n^1,
n^2 und P^1, P^2 stets ihren Abstand. Wenn aber das Zugseil reisst,
schieben sich die Keilflächen auf einander, der Bolzen s wird in
den Führungsbaum genagelt, und der Fahrstuhl ist durch die
Keile P^1, P^2 festgestellt.

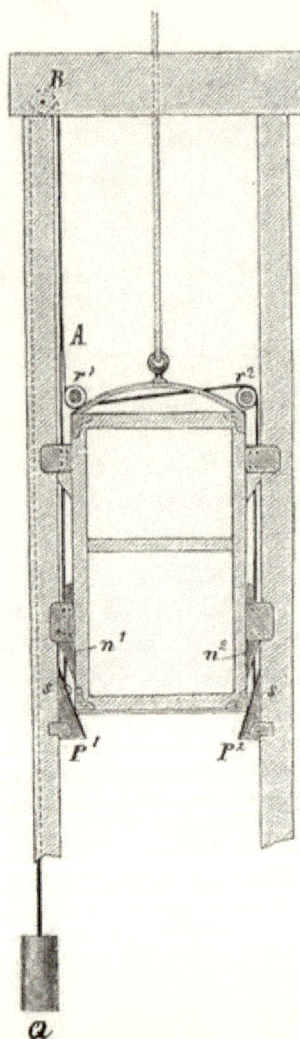

Fig. 25.

Sicherung für Wellen-Kuppelungen.

6. *Eine Sicherung für Wellen-Kuppelungen*, ein Nothbehelf, um alle vorspringenden Theile derselben durch Einhüllung gefahrlos zu machen, erdacht und angewendet von Hoffmann, Maschinenmeister in der mechanischen Weberei von Fraenkel zu Neustadt in Schlesien, wird in einer Zeichnung von Frief, Fabriken-Inspektor für Schlesien, mitgetheilt. Es wird von der einen Seite aus um die zu sichernde Kuppelung eine leichte an einem Ende offene Blechtrommel *A* geführt und von der anderen Seite ein gleichfalls nur mit einem Boden versehener kürzerer Blechzilinder *a*, welcher sich in *A* einschiebt, so dass nunmehr eine auf beiden Enden geschlossene, überall wohl abgerundete Blechtrommel die Kuppelung umhüllt. Die Bodenflächen von *A* und *a* sind, wo sie sich an die Welle anschliessen, etwas verstärkt, und wird gegen diese Verstärkungen, um ein Oeffnen der Trommel zu verhüten, von jeder Seite aus ein zuvor auf die Welle aufgebrachter starker Gummiring geführt, dessen Durchmesser etwa um 5 mm. geringer sein muss, als der der Welle.

Sicherungen bei Riemen-Transmissionen.

7. Fetu & Deliége, Liége, Belgien, stellen einen *Riemen-Aufleger* (monte-courroie, Patent Baudouin) in natürlicher Grösse aus, angebracht an einer hohen Transmissionswelle, welche durch eine Dampfmaschine in Betrieb gesetzt wurde.

Fig. 26 zeigt den Apparat in einer Anordnung, die ihn von der Transmissionswelle *T* völlig absondert. An den Balken *M* ist ein gusseiserner Träger *A* angeschraubt, an welchem wiederum das aus Walzblech hergestellte Stück *B* befestigt ist, dessen Länge und Stärke in jedem Falle nach der Grösse der Riemscheibe zu bemessen ist. An *B* sind die Blechstücke *C* und *D* fest angeschraubt, von denen das erstere dazu dient, den abgeworfenen Riemen im Bereiche der Scheibe zu halten, das zweite den Hakendollen *b* trägt, welcher den abgeworfenen Riemen auffängt und durch den Haken *h* verhindert, dass er zwischen die Arme der Riemscheibe geräth. Gleichfalls zur Aufnahme des abgeworfenen Riemens dient der Zapfen *a a*, welcher an seinem freien Ende den Haken *f* trägt, der denselben Zweck hat, wie *h*. Beweglich um *a a* ist die Blechbüchse *e*, welche den aus Eschenholz gefertigten Hebel *d* trägt, an welchen sich das eiserne Bogenstück *c* anschliesst; dabei bleibt *d* 5–6 mm. von dem Rande der Scheibe *R*

5*

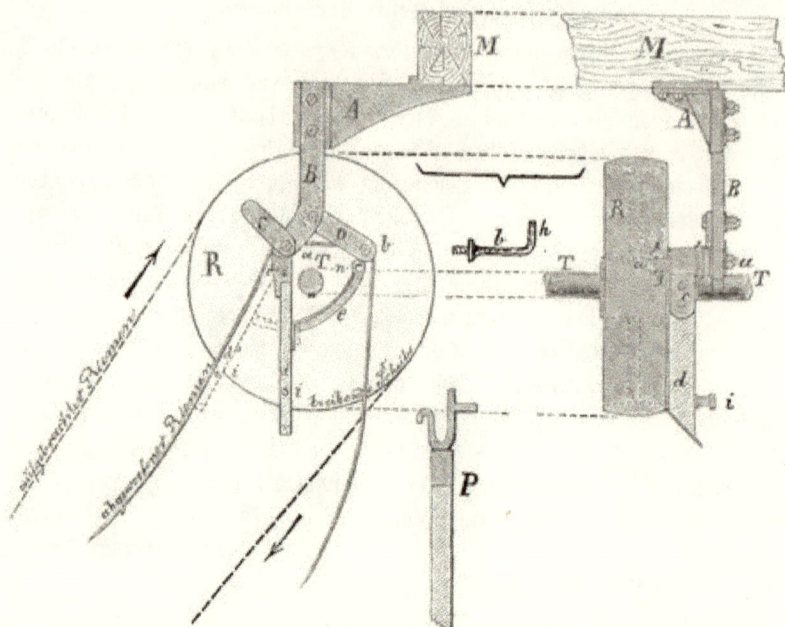

Fig. 26.

entfernt. Der Knopf *i* und die Oese *n* sind Angriffspunkte für die Hakenstange *P*, deren sich der Arbeiter bedient, um vermittelst des Hebels *c d* den Riemen aufzulegen. Zu diesem Zwecke greift er zunächst in *n* an und legt den Hebel an den Riemen, indem er ihn in die Stellung c^1 d^1 bringt; damit der Hebel in dieser neuen Lage verbleibt, ist zwischen der Büchse *c* und dem Stücke *B* eine mit Harz bestrichene Lederscheibe angebracht, gegen welche *c* durch die Spiralfeder *g* gedrückt wird, wodurch eine starke Reibung entsteht. Nunmehr wechselt der Arbeiter den Angriffspunkt und indem er mit der Gabelung der Stange *P* den Knopf *i* des Hebels *d* umfasst und kräftig aufwärts stösst, wirft er den Riemen auf die Scheibe. Das Abwerfen des Riemens erfolgt gleichfalls vermittelst der Stange *P*.

Diese Vorrichtung ersetzt somit völlig die höchst gefährliche Arbeit des Riemen-Auflegens durch die Hand des Arbeiters; der abgeworfene Riemen liegt nicht auf der Transmissionswelle auf und kann in keinem Falle von der Scheibe selbst aufgenommen werden; das Ansetzen von Leitern an die Transmissionswelle fällt weg, der Betrieb darf nicht unterbrochen werden, jede Ausbesserung kann ohne Gefahr an dem Riemen vorgenommen werden. Der Preis des Riemen-Auflegers Baudouin beläuft sich auf 75—300 Fr., je nach der Grösse der Riemscheibe und der Art der Anordnung, und sollen schon mehr als 1000 Apparate in Fabriken thätig sein.

Wir halten diesen Apparat indessen nicht für einfach genug und glauben auch, dass sein hoher Preis seiner allgemeinen Anwendung ein Hinderniss sein dürfte; wir sind erfreut, aus der deutschen Abtheilung über das Modell eines Apparates zu dem gleichen Zwecke berichten zu können, welchem Einfachheit, Zweckmässigkeit und Wohlfeilheit den Stempel einer Erfindung von Dauer geben, und dessen allgemeine Einführung bestens empfohlen werden kann. Es ist dieses

8. der *Riementräger* (porte-courroie) von Biedermann, Direktor der Spinnerei von Herzog zu Logelbach in Elsass-Lothringen.

Bei der Wichtigkeit dieses Apparates geben wir in *Fig. 27* (s. Seite 70) eine ausführliche Skizze desselben, indem wir — gemäss eigener Unterrichtung an dem ausgestellten Modelle — gleichzeitig zeigen, wie die Stange *P* beim Auf- und Abwerfen des Riemens von dem Arbeiter zu handhaben ist. Der Riementräger *A* — *Fig. 27, a.)* — ist von Schmiedeeisen, mit dem einen Ende an dem Balken *M* befestigt und an dem anderen Ende mit einem Bogenstücke versehen, an welchem 5—6 Hakendollen *b* sitzen, welche bis unter den Rand der Riemscheibe reichen und breit genug sind, um den Riemen zu tragen. Das Bogenstück ist konzentrisch mit der Riemscheibe anzubringen und gehört einem Kreise an, dessen Durchmesser = ⅘ von dem der Scheibe ist. Die Stange, vermittelst deren der Riemen auf- und abgeworfen wird, kann die Konstruktion *P*ᴵ oder *P*ᴵᴵ haben.

Fig. 27, b.)—d.) zeigen die Anordnung des Apparates für schräge und horizontale Riemen. Unter *D* ist dort ein Ansatz von Buchenholz zu verstehen, dessen Kerbe für gewöhnlich 1 cm. Abstand von der Transmissionswelle hält. Dieses Holz dient dazu, bei starken Transmissionen ein Verbiegen des Riementrägers zu verhüten, sobald der Treibriemen auf ihn abgeworfen wird. *N*, in *Fig. 27, d.)* ist ein Blechstreifen, der hier an den Haken der Dollen befestigt ist, um zu verhüten, dass beim Aufbringen des Riemens die von dem Arbeiter geführte Stange *P* zwischen die Arme der Riemscheibe geräth.

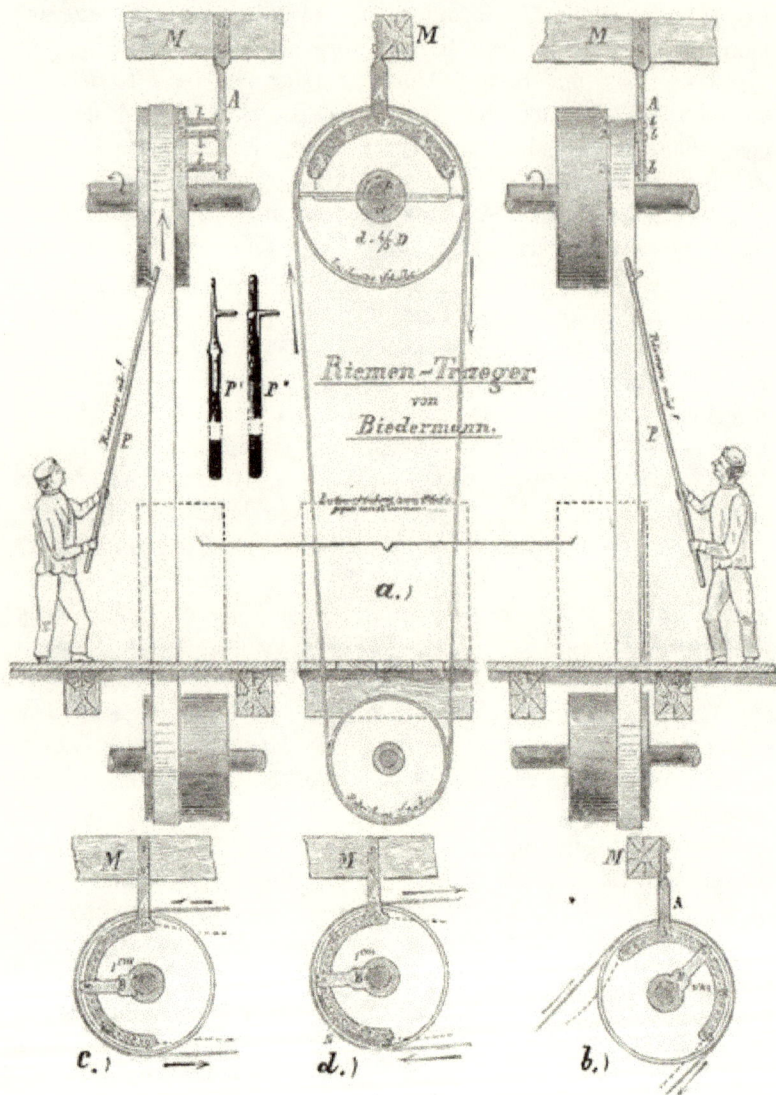

Fig. 27.

Das Auf- und Abbringen des Riemens mit Hülfe dieses Apparates geht ausserordentlich leicht von Statten und erfordert nur wenig Kraftanstrengung. Derselbe kann von jedem Schmiede angefertigt werden; sein Preis dürfte sich nur auf einige Mark belaufen. —

Diverse Schutzvorrichtungen und bezügliche Instruktionen.

Den beiden eben beschriebenen Apparaten begegnen wir auch in der französischen Abtheilung wieder, in einem höchst interessanten Modelle, welches

9. von Dollfuss-Mieg & Cie zu Mülhausen im Elsass konstruirt und von Frédéric Engel, Paris, rue Fiacre, ausgestellt, eine ganze *Sammlung von Schutzvorrichtungen für den maschinellen Betrieb* bietet. Da sich diese Apparate, so weit sie von Bedeutung sind, sämmtlich in dem bekannten „Bulletin" der Association pour prévenir les accidents de machines à Mulhouse (Mülhausen im Elsass, Buchhandlung Bader & Cie) ausführlich beschrieben und durch Zeichnungen erläutert finden, so weisen wir zu weiterer Orientirung darauf hin und begnügen uns, in Rücksicht auf den Umfang dieser Arbeit damit, die in dem oben erwähnten Modelle vertretenen Schutzvorrichtungen nach dem beigegebenen Prospekte aufzuzählen:

1. Poulie folle montée sur douille indépendante de l'arbre moteur.
   En cas de grippement, la machine n'est pas mise en mouvement.
   Application: Commande d'une machine.
2. Poulie folle montée sur douille indépendante et concentrique à l'arbre.
   Cette disposition empêche le grippement de la poulie sur l'arbre. et permet d'arrêter complètement une courroie. De cette façon, pour embrayer on est obligé de mettre la courroie en mouvement avec la main.
3. Tige empêchant la courroie de tomber en bas de la poulie.
4. Crochet porte-courroie.
   Empêche les courroies de tomber sur les arbres et clavettes. Prévient des accidents terribles.
5. Porte-courroie Biedermann.
   Facilite le montage des courroies.
6. Monte-courroie Baudouin.
7. Monte-courroie Durand (de Paris).
8. Embrayage simple avec points d'arrêt.
9. Embrayage simple avec points d'arrêt.
   Obligation de soulever la tige pour la mise en marche.
10. Embrayage permettant l'arrêt et la mise en marche sur toute la longueur de la machine.
11. Embrayage à manivelle.
12. Manchon d'accouplement à plateaux.
    N'a pas les inconvénients du manchon ordinaire à clavettes.

13. Manchon d'accouplement ordinaire.

     Recouvert d'une capsule empêchant les accidents de clavettes.

14. Anneau d'arrêt avec sa vis.

     En cas de contact, ni entraînement ni blessures comme cela peut arriver lorsque le vis de pression dépasse le manchon et n'est pas noyée.

15. Couverture d'un arbre sur le sol.

     Cette disposition prévient des accidents terribles.

16. Dispositions empêchant l'ouverture d'un couvercle, d'une porte, etc., avant l'arrêt de la machine.

     Application aux batteurs.

17. Disposition empêchant l'ouverture d'un couvercle, d'une porte, etc., avant l'arrêt de la machine.

     Application dite „grille de sûreté" pour bancs - à - broche, par MM. Dollfuss-Mieg & Cie.

18. Disposition permettant d'engager sans danger une nappe entre des rouleaux d'appel.

     Application aux batteurs.

19. Dispositions préventives pour calandres, laminoirs, etc.

20. Disposition empêchant les accidents de scies circulaires.

     Application par MM. Dollfuss-Mieg & Cie. à un cas spécial.

21. Modèle de couvre-engrenages.

     Couverture qu'il serait dangereux d'enlever pendant la marche de la machine.

22. Crochet monte-courroie.

23. Crochet pour le nettoyage des transmissions.

10. Die Zentral-Buchdruckerei der französischen Eisenbahnen, Chaix & Cie. zu Paris, giebt auf ausgestellten Zeichnungen und in einer Flugschrift Mittheilungen über alle von ihr getroffenen *Schutzvorrichtungen im maschinellen Betriebe.* Danach besteht in den dortigen grossen Fabrik-Räumen eine ausgedehnte elektrische Leitung, welche von 16 Stellen aus bei einem Unglücksfalle ein sofortiges Stillstehen der ganzen Transmission ermöglicht, und sind ferner mit der allergrössten Sorgfalt alle Maschinentheile gesichert, welche irgend gefährlich werden könnten. Einige Beispiele davon geben wir in *Fig. 28* und *29* (S. 73 u. 74) [Prospekt], und machen wir hier besonders auf die sehr zweckmässige Schutzvorrichtung an der Glätte, - *Fig. 29, N,* - aufmerksam, da die dort getroffene Sicherung sich auch an unendlich vielen anderen homogenen und gleichgefährlichen Apparaten im Gewerbe-Betriebe anbringen liesse, welche z. Z. noch nach wie vor ihre Opfer fordern.

Presse Typographique.

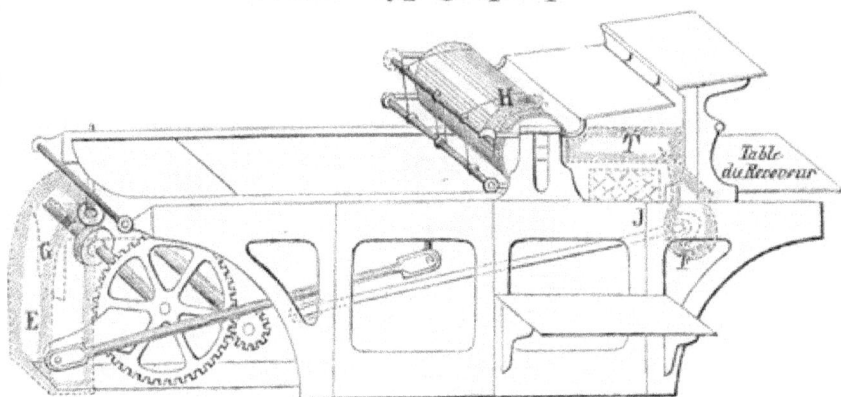

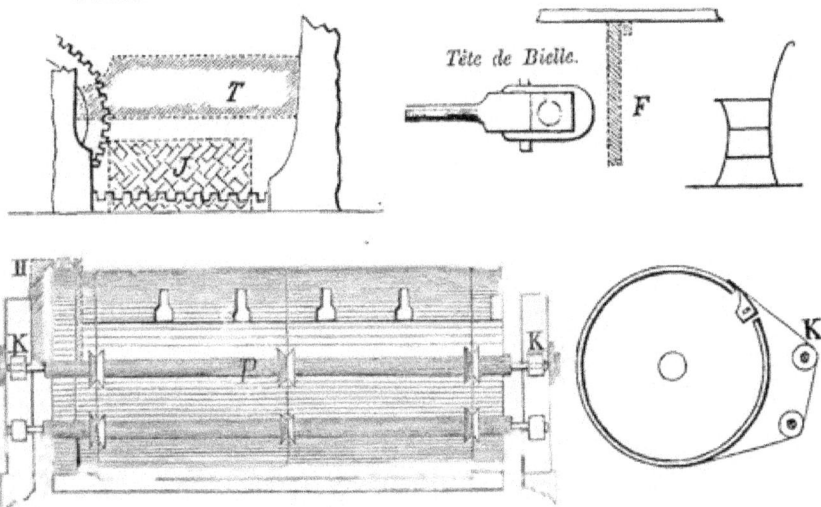

Fig. 28.

Die getroffenen Schutzvorrichtungen sind in vorstehender *Fig.* durch punktirte Linien und Schraffur angedeutet. — *E* ist ein Holzkasten zum Schutze gegen die Stösse der Lenkstange; *F*, Schutztafel aus Holz; *G, T, H*, Schutzbleche; *J*, Schutzgitter; *K, K,* Lederlager zur Aufnahme der Leiste *P*, mit einem Ausschnitte versehen, welcher die Leiste sofort ausfallen lässt, sobald der Arbeiter (margeur) mit der Hand zwischen *P* und den Zilinder geräth. —

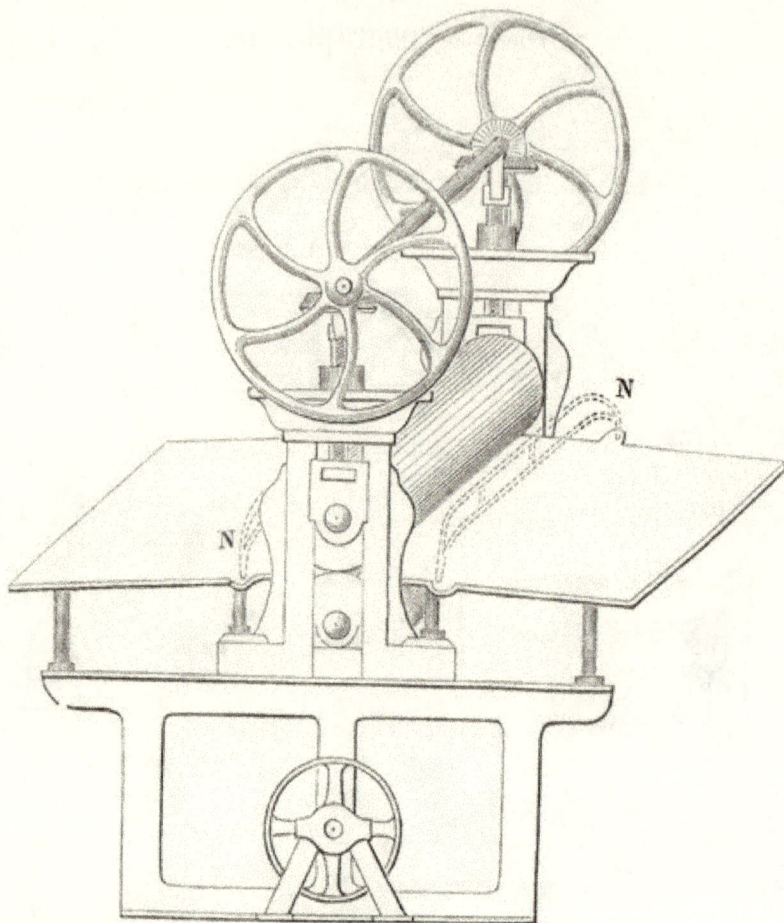

Fig. 29.

Im Jahre 1874 hat die oben genannte Firma von der Société de protection du travail des enfants dans les manufactures, zu Paris, bei einer Preisbewerbung, welche für Sicherheits-Vorrichtungen im Fabrik-Betriebe ausgeschrieben war, die Ehren-Medaille erhalten, und zwar, wie es in der bezüglichen Verfügung heisst: „pour les mesures minutieuses et efficaces qu'ils ont prises dans leurs ateliers contre les accidents."

Ausser mechanischen Sicherungen sind dort auch eine Anzahl Unterweisungen erlassen, welche durch Warnung und Belehrung der Arbeiter dazu beitragen sollen, Unglücksfälle zu verhüten.

Wir geben über dieselben einen kurzen Ueberblick:

I. eine „Instruction-affiche," an jeder Maschine. Dieselbe bestimmt:

„Nur die Maschinenführer und Vorarbeiter sind befugt, die Maschinen in Gang zu setzen; dieselben haben jeden Morgen von dem Zustande der getroffenen Sicherheits-Vorrichtungen Kenntniss zu nehmen; vor dem Einrücken sich zu überzeugen, dass Niemand Gefahr drohe, und mit lauter Stimme vorerst zu rufen: „Achtung! Die Hände in Acht!" Das Reinigen der Maschine darf nur beim völligen Stillstande derselben, wie auch der zugehörigen Transmission erfolgen. Das Ansetzen von Leitern an im Gänge befindliche Transmissionswellen ist untersagt; das Abwerfen der Riemen darf nur mit einer Stange erfolgen. Gleichfalls verboten ist jedes Laufen oder Spielen bei den Maschinen. Bei jedem Unfalle oder regelwidrigem Vorkommnisse ist sofort der Dirigent oder Werkführer von dem Maschinenführer oder Heizer zu benachrichtigen.

Jedes Zuwiderhandeln gegen die vorstehenden Bestimmungen wird mit einer Geldbusse geahndet; ein Zuwiderhandeln, welches einen Unfall im Gefolge hat, zieht die augenblickliche Entlassung nach sich." — Endlich werden die Maschinenführer noch besonders verantwortlich gemacht und die Paragraphen des Code pénal im Wortlaute angezogen, welche sich auf Tödtung resp. Verletzung durch Fahrlässigkeit beziehen.

II. Ordre de service relatif aux accidents, angeschlagen in den einzelnen Fabrik-Räumen, hauptsächlich von der Verantwortlichkeit der Werkmeister und Maschinenführer vor dem Gesetze handelnd. Derselben ist zu grösserem Nachdrucke ein bezügliches Erkenntniss des Tribunal correctionel zu Paris beigegeben.

III. Avis important: Es ist ausdrücklich verboten, an den Maschinen in Blousen, in Jacken, die nicht zugeknöpft sind, sowie in flatternden Bekleidungsstücken zu arbeiten.

IV. Instruction relative aux coliques de plomb, angeschlagen in den Werkstätten der Setzer:

a) Jeden Tag sind 3 Glas Schwefel-Limonade zu trinken.

b) Gesicht und Hände sind vor jeder Mahlzeit zu waschen.

c) Alle Speisen sind so viel als irgend möglich ausserhalb der Werkstatt zu geniessen.

d) Wenigstens ein Mal wöchentlich ist ein Schwefelbad
zu nehmen.

e) Gegen Verstopfungen ist Sedlitz-Wasser als Abführungs-
mittel zu gebrauchen.

f) Bei Unwohlsein sind Ausschreitungen aller Art unbedingt
zu vermeiden.

g) Die Werkstätten sind stets sorgfätig zu lüften.

v. Magnin,

Arzt der Fabrik-Kranken- und Unterstützungs-Kasse.

V. Eine Unterweisung über die Handhabung der
elektrischen Schellen und Haupt-Ausrücker. Danach wird
die Dampfmaschine durch einmaligen Zug an der Schelle bei Beginn
und Ende der Arbeit, sowie bei unbedeutenden Vorkommnissen,
z. B. beim Abfallen eines Riemens angelassen, resp. angehalten; bei
jedem Unglücksfalle dagegen ist zweimal zu schellen. —

10. *Statistische Uebersichten über Unglücksfälle in Fabriken*
finden sich nur sehr vereinzelt in der ausgestellten Literatur vor
und zwar dann im Zusammenhange mit den Berichten über Kranken-
und Versicherungs-Kassen (siehe Anhang).

*Verbandkästen, sowie Unterweisungen zur ersten Hülfeleistung
bei Unglücksfällen* in industriellen Etablissements liegen gar nicht
vor; dagegen sind dieselben zahlreich vertreten in den Ausstellungen
von Bergwerken und Eisenbahnen.

11. Als Seitenstück zu diesem Kapitel erwähnen wir noch
einer überraschenden Ausstellung, eines Monstre-Treibriemens von
Edwards, Market Place, Manchester. Dieser Riemen ist doppelt,
hat 42 Meter Länge und 66 Zentimeter Breite, und dabei keine
Querverbindungen. Er ist zusammengesetzt aus Lederstreifen von
4 Zentimeter Breite, der Art, dass die Streifen der oberen Lage
stets die Fugen der unteren Lage decken. Beide Lagen sind sehr
geschickt durch zahlreiche kleine Holznägel zusammengehalten;
nur die Ränder sind genäht.

Anhang.

Summarischer Ueberblick über die ausgestellten Wohlfahrts-Einrichtungen für Arbeiter in Fabriken und gewerblichen Anlagen und insbesondere Quellen-Angabe der darauf bezüglichen wichtigsten ausgestellten Druckschriften.

Deutschland.

Preussen:

1. „Die Einrichtungen für die Wohlfahrt der Arbeiter der grösseren gewerblichen Anlagen im Preussischen Staate" (3 Theile, Berlin 1876, Verlag des Königlichen Preussischen statistischen Bureaus).

2. „Die unter staatlicher Aufsicht stehenden gewerblichen Hülfskassen für Arbeitnehmer und die Versicherungen gewerblicher Arbeiter gegen Unfälle im Preussischen Staate" (Berlin 1876, derselbe Verlag).

3. „Die Einrichtungen zum Besten der Arbeiter auf den Bergwerken Preussens" (2 Theile, Berlin 1876, Verlag von Ernst & Korn).

Diese im Auftrage des Preussischen Ministers für Handel, Gewerbe pp., neuerdings veröffentlichten Druckschriften geben einen Gesammtüberblick über Wohlfahrts-Einrichtungen für Arbeiter, wie ihn kein anderes Land auf der Ausstellung bietet. Vortrefflich ausgestattet und mit einer Menge instruktiver Zeichnungen ausgerüstet, nehmen diese Werke auf der Ausstellung einen der ersten Plätze ein.

Im Anschlusse hieran sind zu nennen:

4. „Die Jahresberichte der preussischen Fabriken-Inspektoren für 1874 und 1875" (Berlin, Verlag von R. von Decker), sowie die Spezial-Arbeiten:

5. „Die Fabrik-Industrie im Regierungs-Bezirke Düsseldorf, von
   Beyer" (Oberhausen a. d. R. 1876, Verlag von Ad. Spaar-
   mann), sowie

6. „Die wirthschaftliche Lage der Fabrikarbeiter in Schlesien,
   von Frief" (Breslau 1876, Verl. von Maruschke & Berendt).

7. „Der oberschlesische Industrie-Bezirk von Schlockow" (Breslau,
   Verlag von Gottf. Korn).

8. „Ausgeführte Arbeiterwohnungen im Reg.-Bez. Aachen, von
   E. Dittmar in Eschweiler."

   An sonstigen Ausstellern bezüglicher literarischer
   Publikationen sind zu nennen:

9. Der Central-Verein für das Wohl der arbeitenden Klasssen,
   zu Berlin (Zeitschrift „Arbeiterfreund" Berlin, Verlag von
   Leonh. Simion).

10. Schultze-Delitzsch („Erwerbs- und Wirthschafts-Genossen-
    schaften", Leipzig, Verlag von Jul. Klinkhardt).

11. Lina Morgenstern („Ueber Volksküchen", Berlin, Verlag
    von O. Loewenstein).

    Ueber die Ausstellungen von Wohlfahrts-Einrichtungen
    seitens einzelner preussischer Fabriken und gemeinnütziger
    Gesellschaften liesse sich recht viel Gutes und Anerkennens-
    werthes berichten, indessen bieten die oben zuerst genannten
    neuen Druckschriften für das Studium der Bestrebungen in
    Preussen auf diesem Gebiete eine solche Fülle von Material,
    dass ein näheres Eingehen auf die Modelle, Zeichnungen
    und Statuten der Einzel-Ausstellungen zu wenig Neues
    bieten dürfte.

    Doch verfehlen wir nicht, diejenigen Fabriken und
    Gesellschaften hier namhaft zu machen, welche sich an
    der Ausstellung betheiligt und zu ihren Erfolgen bei-
    getragen haben:

    Friedr. Krupp in Essen, die Baumwoll-Spinnereien von
    M. Mey & Cie. und J. F. Klauser in M. Gladbach, die
    Hannoversche Maschinenbau-Aktien-Gesellschaft, die Spin-
    nerei von Schöller, Mevissen & Bücklers in Düren, die
    Georg-Marienhütte bei Osnabrück, die Lokomotiv-Bau-Anstalt
    Hohenzollern bei Düsseldorf, der Bochumer-Verein für Berg-
    bau und Gussstahl-Fabrikation, die Königliche Porzellan-
    Fabrik zu Berlin, die Königliche Eisenbahn-Direktion zu
    Hannover (bezüglich ihrer Werkstätten); die Aktien-Bau-

Gesellschaften zu Duisburg und Gladbach, die Bau-Gesellschaften für Arbeiter-Wohnungen zu Düren und Barmen, die Abegg-Stiftung zu Danzig.

Baiern ist vertreten

13. Durch eine Enquête des Ministeriums des Innern über die in den baierischen Fabriken und grösseren gewerblichen Betrieben zum Besten der Arbeiter getroffenen Einrichtungen (München 1874).

14. Durch die bezüglichen Arbeiten des Königlichen statistischen Bureaus (Dr. George Mayr) und endlich

15. Durch eine Veröffentlichung von Hirschberg & Feierabend: „Ueber die Wohnhäuser der Bau- und Spargenossenschaft Arbeiterheim" (München. 1875, Verlag von Max Brissel).

Württemberg zeichnet sich aus durch eine sehr wirkungsvolle Ausstellung der Leistungen seiner gewerblichen Fortbildungsschulen und weiblichen Industrieschulen. Einen Ueberblick über das Wirken der württembergischen Zentralstelle für Handel und Gewerbe giebt

16. Vischer (Stuttgart 1875, Verlag von C. Grüninger).

Verfügungen und Berichte legen vor: Der württembergische Buchdrucker-Verein, der Verein für das Wohl der arbeitenden Klassen und die Gründung von Volksküchen, der Jugend-Verein und katholische Gesellen-Verein, sämmtlich zu Stuttgart; von Fabriken sind sehr anerkennenswerth vertreten: Staub & Cie. zu Geisslingen und die Maschinenfabrik zu Esslingen. — A. Staub in Kuchen, Stat., Gingen a. Fils, offerirt für 10 Fr. einen Entwurf zu einem Gebäude mit 12 grösseren und 12 kleineren Arbeiter-Wohnungen. Die Betheiligung Württembergs auf diesem Gebiete muss eine recht rege und geschickte genannt werden und verdient allen Beifall.

Baden ist durch die Wohlfahrts-Einrichtungen der Stadt Karlsruhe vertreten.

Belgien.

1. „La Coopération ouvrière en Belgique" von Léon d'Andrimont (Liége 1876, Verlag der librairie polytechnique).

2. „Des institutions et des associations ouvrières de Belgique" von demselben Verfasser (Ders. Verlag).

3. „Des habitations ouvrières à Nivelles, moyen pratique de faciliter aux classes laborieuses, l'accès du capital et de la propriété" von Dr. Lébon (Nivelles, Verlag von Louis Despret-Poliart).

4. Société anonyme Liégeoise des maisons ouvrières, „Notice sur les travaux de la Société" (Liége 1876, Imprim. Desoer).

5. „Notice etc." der Société de la Vieille-Montagne (Liége 1875, Imprim. Léon de Thiers).

6. „Habitations ouvrières etc." der Société J. Cockerill à Séraing (Liége 1876, Verlag von J. Baudry).

7. Verschiedene Publikationen der Société Franklin zu Liége, sowie ebendaselbst das beachtenswerthe Arbeiter-Journal Franklin.

8. Oeuvres des Soirées populaires de Verviers. Interessante Rapporte und Reglements über Förderung der Wohlfahrt der arbeitenden Klassen.

Es sind aus naheliegenden Gründen zahlreiche belgische Fabriken und insbesondere Bergwerke mit ihren Wohlfahrts-Einrichtungen vertreten.

Ein ganz besonderes Interesse verdient darunter das Modell eines Arbeiter-Hôtels der Grube Harzard (zu Micheroux bei Liége), welches 200 unverheiratheten Arbeitern Wohnung, Beköstigung und Wäsche à 1,50 Fr. pro Tag gewährt, sowie desgleichen das Hôtel-restaurant für Arbeiter von Oeschger, Ougrée bei Liége.

Auch heben wir noch eine Ausstellung des Prof. Stroesser, Schaerbeck, hervor: Unterrichts-Gegenstände für Abendschulen (patentirt); es wird hier durch Systeme ausgespannter Fäden ein höchst anschaulicher erster Unterricht in der Stereometrie und Perspektive gegeben.

Russland

ist auf diesem Gebiete ganz vortrefflich durch einige seiner grösseren industriellen Etablissements vertreten. Namentlich lenkt die elegante und in jeder Weise musterhafte Ausstellung der Spinnerei und mechanischen Weberei zu Krähnholm bei Narwa (3993 Arbeiter) die Blicke auf sich. Dieselbe giebt zunächst in einem grossen, schön gearbeiteten Reliefplane einen Gesammt-Ueberblick über die Fabrik-Anlage und dann in 11 grösseren Modellen von Arbeiter-Wohnungen etc., 17 Plänen und 39 Photographien und einer interessanten Beschreibung (Selbstverlag der Fabrik) alle weiteren nur wünschenswerthen Einzelheiten.

Gleichfalls sind hervorzuheben: Die ausgestellten Pläne und Photographien der Baumwollspinnerei zu Reoutova bei Moskau (ca. 2000 Arbeiter), der Baumwoll-Spinnereien und mechanischen Webereien von Maloutine fils zu Ramenskoë bei Moskau (2800 Arbeiter), von Morozoff fils & Cie. zu Nikolskoïe, Gouvernement Wladimir, (9—12,000 Arbeiter) und einige a. m.

Die von diesen Etablissements gegebenen Mittheilungen über ihre Fabrik-Schulen, Arbeiter-Bibliotheken, Arbeiter-Wohnungen, Turnanstalten, Hospitäler, Bade-Einrichtungen für Arbeiter, Kleinkinder-Bewahranstalten etc. zeigen, dass dieselben in keiner Weise in ihren Wohlfahrts-Einrichtungen den besten grösseren Fabriken des Auslandes nachstehen.

Russland wird ausserdem noch vertreten durch die Volks-küchen von Petersburg und Moskau, durch mehrere Wohl-fahrts-Anstalten zu Petersburg und Ausstellungen der Leistun-gen mehrerer weiblicher Industrie-Schulen und gewerblicher Fortbildungs-Schulen.

Auf letzterem Gebiete zeigt eine ganz besondere Thätig-keit die 1868 organisirte Unterrichts-Kommission der Société impériale polytechnique zu Petersburg, welche mit Hülfe be-deutender Unterstützungen der Regierung und einer Anzahl Fabrikbesitzer in Petersburg bereits 6 Schulen (700 Schüler) für Arbeiterkinder und jugendliche Fabrik-Arbeiter gegründet hat und unterhält. Der Kursus für die Kinder ist dreijährig und nimmt auch Elementar-Geometrie und Zeichnen in den Unterrichtsplan auf; an ihn schliesst sich ein gleichfalls drei-jähriger Kursus (Abends von 7—10 Uhr und Sonntags) für jugendliche Fabrik-Arbeiter an, und werden hier auch nebst Zeichnen die Elemente der Physik und Mechanik gelehrt. Die Kommission beabsichtigt diese Schulen auf alle Arbeiter-viertel von Petersburg auszudehnen, um so mit der Zeit einen intelligenten Fabrik-Arbeiterstand heranzuziehen.

Oesterreich.

1. „Die Arbeiter-Kolonie zu Marburg in Steiermark bei der Hauptreparatur-Werkstätte der k. k. priv. österr. Südbahn-

Gesellschaft, mit Atlas, von W. Flattich (Wien, Verlag von Lehmann & Wentzel), eine sorgfältig durchgeführte, interessante Arbeit.

2. „Die Wiener Volksküchen, Aufgabe, Beförderung, Verwaltung und Organisation", von Dr. Joseph Kühn, Wien 1876 (Selbstverlag).

3. „Statuten und Berichte des Wiener Frauen-Erwerb-Vereins" (Selbstverlag).

4. Die sehr interessanten „Statuten und Mittheilungen des ersten österr. allgemeinen Beamten-Vereins" (Wien, Selbstverlag).

5. „Die Wohlfahrts-Einrichtungen und Reglements der Kranken-Unterstützungskassen etc. der österr. Staats-Eisenbahnen sowie der k. k. priv. österr. Südbahn-Gesellschaft" (Wien, Selbstverlag).

6. „Das Wirken des Wiener Central-Vereines für Krippen" (Selbstverlag).

7. Endlich von ganz speziellem Interesse: „Der erste Bericht der Allgemeinen Arbeiter-Kranken- und Invaliden-Kasse zu Wien," verfasst für die internationale Ausstellung zu Brüssel 1876 (Selbstverlag).

Es ist dieses die erste Publikation des 1868 von Arbeitern gegründeten und verwalteten Vereins. Derselbe weist pro 1875 einen Stand von 13,810 Mitgliedern nach (darunter die Arbeiter von 75 Fabrik-Etablissements, deren Krankenkassen sämmtlich darin aufgegangen sind). Bemerkenswerth ist aus den Statuten des Vereins besonders, dass jeder Arbeiter, ohne Unterschied des Alters und Geschlechtes, Mitglied werden kann und es bleibt, so lange er die Statuten befolgt, ohne Rücksicht auf den Wechsel des Domizils und der Beschäftigung; ferner, dass keine Krankheit, welcher Art sie auch sei, von der Unterstützung ausschliesst, und dass selbst für Leiden, welche schon bei der Aufnahme vorhanden waren, gewisse Unterstützungen nach dem Beitritte gewährt werden. Als weitere Ziele des Vereins werden entwickelt: die Organisation von Invaliditäts-, Wittwen- und Waisen-Kassen für Arbeiter.

Oesterreichische Fabriken haben nicht ausgestellt.

Frankreich.

1. „Note sommaire sur l'assurance collective dans les établissements manufacturiers", von Frédéric Engel-Dollfuss (Paris 1876, Verlag von Chaix & C⁑)

2. „Rapporte de l'Association polytechnique de Paris pour l'instruction gratuite des ouvriers" (Paris, rue des Fossés-Saint Bernard).

3. „Rapporte de la Société Franklin pour la propagation des bibliothèques populaires" (Paris, rue Christine).

4. Brochüren der Société des crêches (Paris, rue Joubert).

5. Das interessante „Bulletin de la Société de protection des apprentis et enfants employés dans les manufactures" (Paris, rue Rennes).

Von Fabriken geben nur die Druckerei von Chaix & C⁑ und die Papierfabrik zu Vidalon-les-Annonay (Ardèche) einen Ueberblick über ihre Wohlfahrts-Einrichtungen durch die bezüglichen Statuten. Modelle von Wohlfahrts-Einrichtungen sind in der französischen Abtheilung nicht ausgestellt, und sind hier nur noch die Ausstellungen von Zeichnungen und Handarbeiten Pariser Lehrlingschulen und weiblicher Industrieschulen zu erwähnen.

England.

Von Fabriken sind vertreten: die Price's Patent Candle Company zu London durch einige Modelle von Arbeiter-Wohnungen und Mittheilungen über die Wohlfahrts-Einrichtungen für ihre Arbeiter (Bibliothek, Abendschulen etc.) und die chemische Fabrik von Gibbs & C⁑ zu London durch ihre bezüglichen Reglements (Krankenkasse, Bibliothek, technisches Museum für Arbeiter). Ausserdem liegt eine grössere Anzahl von Schriften über Londoner Wohlfahrts-Institute (zumeist Hospitäler) vor.

Italien.

1. Die Schriften des Prof. Errera über die arbeitenden Klassen (Venezia, Stabilimento Antonelli).

2. Rapporte der Gesellschaft für Arbeiter-Wohnungen in Mailand (Società Edificatrice, Milano).

6*

Schweden und Norwegen.

In der schwedischen Abtheilung giebt Dr. Sidenbladh, Stockholm, eine interessante graphische Darstellung über die Entwickelung des schwedischen Sparkassenwesens.

Dänemark.

„Statistik der dänischen Institutionen und Gesellschaften zur Verbesserung der Lage der arbeitenden Klassen", von Knudsen, Bürgermeister, Kopenhagen.

„Mittheilungen über dänische Arbeiter-Wohnungen", von Dr. Hornemann (Kopenhagen 1876, Verlag von Oettinger.)

Holland.

„Notice historique sur des tentatives faites en Hollande pour améliorer la condition des classes ouvrières", von Royards, référendaire au conseil d'état (Haag 1876, Verlag von Giunta d'Albani frères). —

Berichtigungen.

Nachstehende Druckfehler bitten wir gefl. berichtigen zu wollen:

S. 2, Abs. 2, Zeile 1, statt „das amtliche Programm": das offizielle Programm

„ 9, „ 2, „ 3, „ „einer Luftpumpe, die": einer Luftpumpe die.

„ 14, „ 1, „ 6 v.u., „ „in welchem das Pulver": in welchen das Pulver.

„ 20, „ 2, „ 13, „ „Ausdehnung ihrer Bestandtheile": Ausdehnung seiner u. s. w.

„ 26, „ 1, „ 12, „ „gewerblichen Unternehmen": gewerblichen Anlagen.

„ 29, „ 6 v.o., „ „die berühmten Erzeugnisse": die anerkannten Erzeugnisse.

„ 31, „ 2, „ 6 v.u., „ „in Verbindung ist": in Verbindung steht.

Druck von J. Harrwitz in Berlin.
Holzschnitte von Baudouin in Berlin.
Papier aus der Papier-Fabrik Sinsleben bei Ermsleben.